六韬　鬼谷子

LIUTAO GUIGUZI

王喜卡 ◎ 译注

光明日报出版社

图书在版编目（CIP）数据

六韬·鬼谷子 / 王喜卡译注 . -- 北京 : 光明日报出版社，
2014.6（2024.3 重印）
（光明岛）
ISBN 978-7-5112-6290-5

Ⅰ . ①六… Ⅱ . ①王… Ⅲ . ①兵法-中国-西周时代
②《六韬》-译文③《六韬》-注释④纵横家⑤《鬼谷子》-
译文⑥《鬼谷子》-注释 Ⅳ . ① E892.24 ② B228

中国版本图书馆 CIP 数据核字（2014）第 069626 号

六韬·鬼谷子

LIUTAO GUIGUZI

译　　著：王喜卡

责任编辑：靳鹤琼　　　　　　　　责任校对：王腾达
封面设计：博文斯创　　　　　　　责任印制：曹　净

出版发行：光明日报出版社
地　　址：北京市西城区永安路 106 号，100050
电　　话：010-67022197（咨询），67078870（发行），67019571（邮购）
传　　真：010-67078227，67078255
网　　址：http://book.gmw.cn
E – mail：lijuan@gmw.cn
法律顾问：北京德恒律师事务所龚柳方律师

印　　刷：北京一鑫印务有限责任公司
装　　订：北京一鑫印务有限责任公司
本书如有破损、缺页、装订错误，请与本社联系调换，电话：010-67019571

开　　本：145mm×215mm　　　　　印　　张：12
字　　数：110 千字
版　　次：2014 年 6 月第 1 版
印　　次：2024 年 3 月第 4 次印刷
书　　号：ISBN 978-7-5112-6290-5

定　　价：29.80 元

目　录

六韬

鬼谷子

六　韬

卷一　文韬

文师①

文王将田②，史编布卜③曰："田于渭阳，将大得焉。非龙、非螭、非虎、非罴，兆得公侯，天遗汝师，以之佐昌④，施及三王。"

文王曰："兆致是乎？"

史编曰："编之太祖史畴，为禹占，得皋陶，兆比于此。"

文王乃斋三日，乘田车⑤，驾田马⑥，田于渭阳。卒见太公，坐茅以渔。

文王劳⑦而问之曰："子乐渔耶？"

太公曰："臣闻君子乐得其志，小人乐得其事。今吾渔，甚有似也，殆非乐之也。"

文王曰："何谓其有似也？"

太公曰："钓有三权：禄等以权，死等以权，官等以权。夫钓以求得也，其情深，可以观大矣。"

文王曰："愿闻其情。"

太公曰："源深而水流，水流而鱼生之，情也。根深而木长，木长而实生之，情也。君子情同而亲合，亲合而事生之，情也。言语应对者，情之饰也；言至情者，事之极也。今臣言至情不讳，君其恶之乎？"

文王曰："唯仁人能受直谏，不恶至情，何为其然？"

太公曰："缗⑧微饵明,小鱼食之;缗调⑨饵香,中鱼食之;缗隆饵丰,大鱼食之。夫鱼食其饵,乃牵于缗;人食其禄,乃服于君。故以饵取鱼,鱼可杀;以禄取人,人可竭;以家取国,国可拔;以国取天下,天下可毕。呜呼!曼曼绵绵,其聚必散;嘿嘿⑩昧昧,其光必远。微哉!圣人之德,诱乎独见。乐哉!圣人之虑,各归其次,而树敛焉。"

文王曰："树敛若何而天下归之?"

太公曰："天下非一人之天下,乃天下之天下也。同天下之利者,则得天下;擅天下之利者,则失天下。天有时,地有财,能与人共之者,仁也。仁之所在,天下归之。免人之死,解人之难,救人之患,济人之急者,德也。德之所在,天下归之。与人同忧同乐,同好同恶者,义也。义之所在,天下赴之。凡人恶死而乐生,好德而归利,能生利者,道也。道之所在,天下归之。"

文王再拜曰："允哉,敢不受天之诏命乎!"乃载与俱归,立为师。

【注释】

①《文师》篇不属《文韬》,而是序。今本置入《文韬》,当为北宋元丰年间所改。

②文王:即周文王。田:通"畋",狩猎。

③史编布卜:史,在王左右的史官。编,人名。布卜,占筮占卜。

④佐昌:辅佐君王,以至昌盛。

⑤田车:打猎时专用的车,比一般的乘车和兵车形制略小。

⑥田马:打猎所用的马。

⑦劳(láo):慰劳,慰问。

⑧缗(mín):钓鱼用的钓丝。

⑨调:通"周",这里指钓丝精细适中。

⑩嘿嘿：通“默默”，指无声无息。

【译文】

周文王打算出去打猎，让太史编帮他占卜。太史编占卜后说："您这一次到渭河北岸那里打猎，收获将很大。您将要收获的不是龙、螭、虎、罴这些野兽，卜兆显示您将得到一位有公侯之才的贤良之人。他是上天派来给您当老师的，辅佐您成就事业，并将施惠于您之后的三个继承人。"

文王询问："真的有这么吉利吗？"

太史编回答说："我的太祖太史畴，过去帮助禹占卜，也曾得过此一爻辞，因而得到皋陶这样的贤臣。那一次的爻辞跟今天的一模一样。"

文王便斋戒三天，以示虔诚，然后驾着猎车，驱着猎马，前往渭水北岸去打猎。终于遇见姜太公，他当时正坐在茅草遍布的渭水边垂钓。

文王见到了太公，上前慰劳并问道："您非常喜欢垂钓吗？"

太公答道："我听说君子热衷于实现自己的志向，小人喜欢的是得到物质利益。我现在垂钓，与这个道理一样，大概并不是喜欢钓鱼。"

文王问："为什么会与钓鱼之道相似呢？"

太公答道："钓鱼就像任用人才，分为三种权谋：用丰厚的俸禄拉拢人才，让他发挥自己的智能，这算一种用人的权谋；用重赏招揽竭尽忠诚、敢于牺牲生命的勇士，让他不顾自己的生命而能往救危难，这也算一种用人的权谋；将高级的官位授予臣僚，让他对你忠贞、没有二心，这也算是一种高明的用人权谋。人们垂钓的目的，都是为了钓到鱼，但其中的道理非常深奥，我们由此可以领悟到更大的道理。"

文王说道："我愿意听听详情。"

太公回答说："水的源头和支流深远的话，水流就不会停息，水流不会停息，鱼类就能够存活，这是水的自然情形。树的根须植得深，枝叶自然茂盛，枝叶茂盛的话，就能结出果实，这是树木的自然情形。君子之间情意相投的话，就能够亲密地进行合作，亲密合作了，就能成就事业，这是与人相处的自然情形。平常的言语对话，是情感外表的文饰，说出真情实话,才算是语言交流的最高境界。我刚刚所说的全是真情实话,没有隐讳什么,您会觉得很反感吗?"

文王回答说:"只有有德行的人才能接受直白坦率的劝谏,而不厌恶深情肺腑之言,我怎么会感到反感呢?"

太公说:"钓鱼的时候,钓丝细微,鱼饵明显可见的话,就可以钓到小鱼;钓丝不长不短,鱼饵味道香的话,就可以钓到中等大小的鱼;钓丝又粗又长,鱼饵丰盛的话,就可以钓到大鱼。鱼如果贪吃美味的饵,就会被钓丝牵住;世上的人要享用朝廷的俸禄,就得为君主服务。所以用美味的鱼饵来钓鱼,鱼就能被人烹食;用官位和俸禄来吸引人才,人才就能为您所用。这样做的话,您在一家的基础上设法取得一国,就能占有一国;在一国的基础上设法取得天下,就能征服天下。真是令人感慨啊!一些事物看起来繁荣兴盛,博大深远,时间长久,往往是虚有其表,最终摆脱不了有聚必有散的规律;而那些默默无闻,不露声色,暗中实行的事物,它们的光芒倒是能够久远,照遍每个角落!圣人以德行感化,就在于他有独特的见解。欢乐啊!圣人所思考谋虑的事情,就是使天下所有人都各得其所,从而确定各种收拢人心的方法。"

文王询问道:"我们该如何收拢人心才能使天下归服呢?"

太公答道:"天下不是属于一个人的天下,而是所有人都共同拥有的天下。能够同天下所有人共同分享天下的利益,这样的人才能够取得天下;那些独占天下利益的人,他们则会失去天下。天有四季之分,地有财货之物,能和人们一起享用的,便是仁政的表现。只要施行仁政,天下人就会前来归顺依附。凡是能让人免除死亡,化解祸患,拯危救急的,就是恩德的施化。只要施化恩德,天下的人就会前来归顺依附。和人们同患难共享乐,爱憎相似的,就是道义的表现。只要实行道义,天下的人就会争相前来归顺依附。人生在世,大家都憎恶死亡而喜欢活着,都喜欢仁德而追求利益。能够替天下人谋求利益的,就是践行王道。践行王道,天下的人就会前来归顺依附。"

文王再拜之后说道:"先生所言确实是高见。我怎么敢不听从上天的旨意!"文王于是请太公坐上猎车,一同回到国都,并拜他为国师。

盈虚

文王问太公曰:"天下熙熙^①,一盈一虚,一治一乱,所以然者,何也?其君贤不肖^②不等乎?其天时变化自然乎?"

太公曰:"君不肖,则国危而民乱;君贤圣,则国安而民治。祸福在君,不在天时。"

文王曰:"古之圣贤可得闻乎?"

太公曰:"昔者帝尧之王天下,上世所谓贤君也。"

文王曰:"其治如何?"

太公曰:"帝尧王天下之时,金银珠玉不饰,锦绣文绮不衣,奇怪珍异不视,玩好之器不宝,淫佚之乐不听,宫垣屋宇不垩,甍桷椽楹不斫^③,茅茨遍庭不剪。鹿裘御寒,布衣掩形,粝粱之饭,藜藿之羹。不以役作之故,害民耕绩之时。削心约志,从事乎无为。吏忠正奉法者,尊其位;廉洁爱人者,厚其禄。民有孝慈者,爱敬之;尽力农桑者,慰勉之。旌别淑德^④,表其门闾^⑤,平心正节,以法度禁邪伪。所憎者,有功必赏;所爱者,有罪必罚。存养天下鳏寡孤独,赈赡祸亡之家。其自奉也甚薄,其赋役也甚寡。故万民富乐而无饥寒之色,百姓戴其君如日月,亲其君如父母。"

文王曰:"大哉!贤君之德也。"

【注释】

①熙熙:喧闹纷杂的样子。

②不肖:与"贤"相对,意指不成才,不正派。

③甍(méng):屋脊,屋栋。桷(jué)、椽(chuán):横排在屋梁上用以架遮屋顶的草或瓦的木条,方形的叫桷,圆形的叫椽。楹:厅堂的前

柱。斫(zhuó):用刀斧等砍或削。

④旌别淑德:旌别,识别,区别。淑,善良,美好。

⑤闾:里巷的大门,泛指门户。

【译文】

文王询问太公:"天下纷纭而复杂,气运时强时弱,时盛时衰,国家有时太平无事,有时战乱不断,为什么会这样呢?是由君主贤明与否所决定呢,还是天命变化自然形成的?"

太公答道:"如果君主不贤明的话,国家就会面临危亡而民众就会叛乱;君主贤明的话,国家就会安定而百姓就会归顺依附。因此,祸福取决于君主的贤明与否,与天命的变化无关。"

文王询问:"古时候贤明帝王的事迹,可否讲给我听听?"

太公回答说:"从前帝尧用德政来治理天下,他正是远古时代人们称颂的贤君。"

文王问:"他是如何治理天下的呢?"

太公回答说:"帝尧作为君主统治天下时,没有用金银珠玉作为装饰,没有穿锦绣华丽的衣服,不观赏贵重珍异的物品,不珍藏古玩等器物,不听放荡纵欲的音乐,不粉饰宫廷墙垣,不雕饰薨桶橡楹,不修剪庭院中的茅草。以鹿裘御寒,用粗布衣服遮蔽身体,吃粗粮粗糠,喝粗劣的羹汤。没有因为让百姓去修筑宫室而违背了农时,耽误民众农耕纺织之务。克制欲望,抑制贪念,用清静无为的思想来统治国家。官吏忠诚公正守法的,就提拔他;廉洁爱民的,就给予他更多的俸禄。民众中有孝敬长者、慈爱晚辈的,就敬重他;用心用力发展农耕桑蚕之务的,就慰劳勉励他。识别善恶良莠,表彰善良人家,内心平静,行为端正,用法制禁止奸邪诈伪。对自己所厌恶的人,他如果建立功勋同样给予奖赏;对自己所喜爱的人,他有罪也必定严惩。尽心照料那些鳏寡孤独无依无靠的人,救济供养那些遭受祸患的人家。至于帝尧自己的日常生活,则十分勤俭朴素,很少征用赋税劳役。因此,那时天下的老百姓日子过得富足安乐而不受饥寒,百姓爱护拥戴他就像景仰日月一样,亲近他就像亲近父母一样。"

文王称赞道："伟大啊！帝尧真是一位有高尚品德的君主。"

国务

文王问太公曰："愿闻为国之大务，欲使主尊人安，为之奈何？"

太公曰："爱民而已。"

文王曰："爱民奈何？"

太公曰："利而勿害，成而勿败，生而勿杀①，与而勿夺，乐而勿苦，喜而勿怒。"

文王曰："敢请释其故。"

太公曰："民不失务，则利之；农不失时，则成之；省刑罚，则生之；薄赋敛②，则与之；俭宫室台榭，则乐之；吏清不苛扰，则喜之。民失其务，则害之；农失其时，则败之；无罪而讨，则杀之；重赋敛，则夺之；多营宫室台榭以疲民力，则苦之；吏浊苛扰，则怒之。故善为国者，驭③民如父母之爱子，如兄之爱弟。见其饥寒，则为之忧；见其劳苦，则为之悲。赏罚如加于身，赋敛如取己物。此爱民之道也。"

【注释】

①杀：消灭、减除，此处是伤害败坏的意思。

②敛：征收赋税。

③驭：统治，治理。

【译文】

文王询问太公："我希望听您讲述治国的根本道理。要让君主受到百姓尊崇，百姓生活得安宁，应该怎样做呢？"

太公回答说："只要做到爱民这一条就行了。"

文王问道：“如何爱民呢？”

太公回答说：“要让百姓获得利益而不损害他们，使百姓取得成功而不是导致他们失败，保障百姓能够生存而不无故伤害他们，给予百姓实际的好处而不掠夺侵占他们，使百姓快乐而不让他们受苦，让百姓高兴而不让他们怨怒。”

文王说：“冒昧地请您解释一下其中的道理。”

太公说：“百姓不会失去自己的职业，这样做就是给予他们利益；使农耕不违天时，这样做就是促进百姓的农业生产；减省刑杀处罚，这样做就是保障了百姓的生存；减轻赋税，这样做就是给予百姓实际的好处；不过度地修建宫室台榭，这样做就是让百姓过得安乐；官吏为政清廉而不苛刻，这样做就是让百姓喜悦。反之，如果使百姓没有自己的职业，就是损害了他们的利益；使农民耕作违了农时，就是毁坏了他们的农业生产；惩罚没有罪的百姓，就是在杀害百姓；加重赋税，就是在掠夺百姓；大兴土木修建皇宫使人民疲惫，就是在增加百姓的痛苦；官吏腐败苛刻扰民，就会激发民众的怨恨。因此，擅长治理国家的君主，治理百姓就像父母爱护子女一样，像兄长爱护弟妹一样，遇见饥寒的人就为他们忧虑，遇见劳苦的人就替他们悲怜，赏罚百姓就像自己身受赏罚，向人民征收赋税就像是在夺取自己的财物。以上所说就是爱民的道理。”

大礼

文王问太公曰：“君臣之礼如何？”

太公曰：“为上唯临，为下唯沉；临而无远①，沉而无隐。为上唯周②，为下唯定；周则天也，定则地也。或天或地，大礼乃成。”

文王曰：“主位如何？”

太公曰：“安徐而静，柔节先定，善与而不争，虚心平志，待物以正。”

文王曰:"主听如何?"

太公曰:"勿妄而许,勿逆而拒;许之则失守,拒之则闭塞。高山仰之,不可极也;深渊度之,不可测也。神明之德,正静其极。"

文王曰:"主明如何?"

太公曰:"目贵明,耳贵聪,心贵智。以天下之目视,则无不见也;以天下之耳听,则无不闻也;以天下之心虑,则无不知也。辐辏并进,则明不蔽矣。"

【注释】

①远:意为疏远民众。

②周:周遍,遍及,意指普施恩德。

【译文】

文王询问太公:"君主与臣民之间的礼法如何才好?"

太公回答说:"身为君主只管居高临下,洞察下情,做臣民的只管顺服恭敬。洞察下情就要做到不疏远大臣和百姓,顺服恭敬就要做到不隐瞒君主。身为君主的要普施恩德,身为臣民的则要安守本分。普施恩德,要像阳光那样遍照大地万物;安守职分,要如同大地那样稳重厚实。君主要学习上天的精神,臣民要学习大地的精神,上上下下都遵循本分去行事,这样君臣之间的礼法就确立了。"

文王问:"君主应该如何居其位呢?"

太公答道:"君主居位应该安详稳重而沉着冷静,柔和有节而使自己安定,擅长施惠于百姓而不与民众争夺利益,以虚心静气待人,以公正之心待物。"

文王问:"君主应该如何听取意见呢?"

太公答道:"君主听取臣下建议的时候,既不能随便地应许,也不能随便地否定。随便地接受就容易没有自己的主见,随便地否定就会使得言路闭塞。君主的气度应该像高山一样,使臣下仰望却看不到峰巅;君主的胸怀要像大海一样,使臣下俯视却测量不出深度。君主之德,要像神明那样,把公正清静作为处事的准则。"

文王问:"君主怎样才能做到明察天下呢?"

太公答道:"(人的六官之中)眼睛主要用来明察事物,耳朵主要用来倾听意见,头脑主要用来周详地思虑。君主如果借用天下人的眼睛去观察事物,那么天下事物就没有看不清楚的;如果利用天下人的耳朵去倾听意见,那么天下意见就没有听不到的;如果凭借天下人的头脑去思考,那么天下事物就会无所不知。好比车辐集中于轴心那样,四面八方的信息都汇集到君主那里,君主的神明就不会被蒙蔽了。"

明传

文王寝疾,召太公望,太子发在侧。曰:"呜呼!天将弃予①,周之社稷将以属汝。今予欲师至道之言,以明传之子孙。"

太公曰:"王何所问?"

文王曰:"先圣之道,其所止,其所起②,可得闻乎?"

太公曰:"见善而怠,时至而疑,知非而处,此三者,道之所止也。柔而静,恭而敬,强而弱,忍而刚,此四者,道之所起也。故义胜欲则昌,欲胜义则亡;敬胜怠则吉,怠胜敬则灭。"

【注释】

①天将弃予:弃,抛弃。此谓上天将要抛弃自己,委婉地表达自知将死。

②起:此指兴起发展。

【译文】

文王生病了,卧在床上,召见太公吕望,当时太子姬发也在病床旁边。文王对太公说:"唉!上天就要抛弃我了,周国的江山社稷就要托付给您了。现在我想听您讲讲治国安民之道，把它明明白白地传给子孙后代。"

太公问："大王想问什么呢？"

文王说道："古时候圣贤治理国家之道，应该废弃哪些，应该继承发扬哪些，可以讲给我听一听吗？"

太公回答道："对江山社稷有利的事，却松懈懒散不去行动；国家昌盛的时机已经来临，却犹豫不定不果断；明知有些做法是错误的，却泰然处之，以上这三种情形就是古代的圣贤治理国家之道所废弃的。自己的修养做到柔和而清静，与人相处谦恭而恭敬，身处强大而能谦虚地自居弱小，能容忍又刚正地处理事务，这四种情况是古代圣贤治理国家之道所提倡的。因此，义理战胜了欲望，国家自然会昌盛；欲望战胜了义理，国家自然就衰亡。敬谨战胜了懈怠，国家自然就顺利；懈怠战胜了敬谨，国家自然就灭亡。"

六守

文王问太公曰："君国主民者，其所以失之者，何也？"

太公曰："不慎所与也。人君有六守、三宝①。"

文王曰："六守者何也？"

太公曰："一曰仁，二曰义，三曰忠，四曰信，五曰勇，六曰谋，是谓六守。"

文王曰："慎择六守者何？"

太公曰："富之而观其无犯，贵之而观其无骄，付之而观其无转，使之而观其无隐，危之而观其无恐，事之而观其无穷。富之而不犯者，仁也；贵之而不骄者，义也；付之而不转者，忠也；使之而不隐者，信也；危之而不恐者，勇也；事之而不穷者，谋也。人君无以三宝借人，借人则君失其威。"

文王曰:"敢问三宝?"

太公曰:"大农、大工、大商^②,谓之三宝。农一其乡^③,则谷足;工一其乡,则器足;商一其乡,则货足。三宝各安其处,民乃不虑。无乱其乡,无乱其族,臣无富于君,都无大于国。六守长,则君昌;三宝完,则国安。"

【注释】

①六守、三宝:守,遵守、奉行。六守,此处指挑选任用臣僚的六项标准。宝,宝贵。此处指关系国家经济命脉的三件大事。

②大农、大工、大商:大,重视、发展、光大的意思。

③农一其乡:乡,基层行政区划名,相传乡制始于周代。此泛指城市以外的地方。

【译文】

文王询问太公:"君主们掌管国家统治人民,有的会失去国家和百姓,这是为什么呢?"

太公回答说:"那是他们没有谨慎地选择授予权力的臣子造成的。君主治理国家要做到六守、三宝。"

文王问道:"六守是什么呢?"

太公回答说:"一是仁,二是义,三是忠,四是信,五是勇,六是谋。这就是六种应该信守的品德。"

文王问:"如何审慎地选拔信守这六种品德的臣子呢?"

太公回答说:"使他富贵,看他是否逾越本分;使他显贵,看他是否骄横不驯;使他身负重任,看他是否坚定不移地去完成任务;命令他处理重要事务,看他是否有所隐瞒;让他处于危难境遇,看他是否临危不惧;让他处理突发事变,看他是否应付自如。生活富裕而不逾越本分的,那就是仁;身份尊贵而不骄横的,那就是义;身负重任而能矢志不渝去完成的,那就是忠;处理重要事务而不欺上瞒下的,那就是信;身处困境而不

六韬 鬼谷子

14

感到畏惧的,那就是勇;面对突发事变而能自如地应付,那就是谋。君主不能丧失'三宝'的控制权,如果将其交给别人,君主就会丧失自身的权威。"

文王问:"请问三宝是什么?"

太公答道:"大力发展农业、工业、商业,这三种是国家的经济命脉,称为三宝。把农民聚居一乡进行生产,那里的粮食就会丰足;把工匠聚居一乡进行生产,那里的器具就会充足;把商贾聚居一乡进行贸易,那里的财货就会充足。让农、工、商这三大行业都能各得其所,民众就不会焦虑不安。不应打乱他们聚居的乡,不要拆散他们聚族而居的家族组织。不要让臣民比君主富足,也不能让城邑的规模大于国都。'六守'稳固地坚持,君主的事业就能昌隆;'三宝'齐全完整,国家自然能久安无事。"

守土

文王问太公曰:"守土奈何?"

太公曰:"无疏其亲,无怠其众,抚其左右,御其四旁。无借人国柄,借人国柄,则失其权。无掘壑而附丘,无舍本而治末。日中必彗①,操刀必割,执斧必伐。日中不彗,是谓失时;操刀不割,失利之期;执斧不伐,贼人将来。涓涓不塞,将为江河;荧荧不救,炎炎奈何;两叶不去,将用斧柯②。是故人君必从事于富,不富无以为仁,不施无以合亲。疏其亲则害,失其众则败。无借人利器,借人利器则为人所害,而不终其世。"

文王曰:"何谓仁义?"

太公曰:"敬其众,合其亲。敬其众则和,合其亲则喜,是谓仁义之纪。无使人夺汝威,因其明,顺其常。顺者任之以德,逆者绝之以力。敬之勿疑,天下和服。"

【注释】

①替：意为曝晒。

②斧柯：斧柄，此用以代指斧子。

【译文】

文王询问太公："如何才能守护保卫好国土呢？"

太公回答说："不要疏远您的宗亲，不可怠慢您的百姓，安顿抚慰好左右大臣，控制住天下四方。不要把治理国家的大权让给别人，把治理国家的大权让给别人，君主自己的权威就会丧失。不能像挖掘沟壑之土去堆积成小土丘那样（损害百姓的利益，使得权贵势力得以扩张）；不能舍弃本务去追逐末节（放弃发展农业，而为了追求奢侈享受去发展工商业）。太阳到了正午时，一定要尽快曝晒；手握快刀，一定要尽快收割；手里执有斧头，一定要尽快砍伐。正午阳光充足而不及时曝晒，就错过适当的时机；手持快刀而不及时收割，也会丧失有利时机；手执斧头而不及时砍伐，敌人就会乘虚前来攻打。缓缓流动的溪流不去堵塞，将会汇成滔滔奔流的江河；微弱的小火不及时扑救，等它蔓延成势可燎原的大火时就不知道怎么办；树苗刚刚发芽不除去的话，等到它长成参天大树的时候，就得用斧头去砍伐（这说明，做什么事都要注意防微杜渐）。因此，君主必须从事使国家富足之道。不使国家富足就不能施行仁政，不施行仁政就无法使宗亲和睦相处。疏远自己的宗亲就会带来祸灾，失去民众的拥戴就会衰败。不能把国家重权交给别人，一旦将国家重权交给别人，那么就会被人所害，致使国家大政不能善始善终。"

文王说："仁义是什么呢？"

太公回答说："尊敬民众，与宗亲和睦。以谦虚的态度对待老百姓，就能上下和睦安乐；与宗亲贵族友好相处，他们就会感到喜悦。这就是施行仁义的准则。不要让人夺走您的权威，要凭借自己的洞察能力，遵循常理去解决事务。顺从您的人，就施与恩惠并重用他们；与自己作对的人，就动用武力消灭他们。毫不迟疑地遵循上述的原则，天下就会和顺并臣服于您了。"

守国

文王问太公曰:"守国奈何?"

太公曰:"斋,将语君天地之经,四时所生,仁圣之道,民机^①之情。"

王即斋七日,北面再拜而问之。

太公曰:"天生四时,地生万物,天下有民,仁圣牧之。故春道生,万物荣;夏道长,万物成;秋道敛,万物盈;冬道藏,万物静。盈则藏,藏则复起,莫知所终,莫知所始。圣人配之,以为天地经纪。故天下治,仁圣藏;天下乱,仁圣昌,至道其然也。圣人之在天地间也,其宝^②固大矣。因其常而视之,则民安。夫民动而为机,机动而得失争矣。故发之以其阴,会之以其阳。为之先唱,天下和之。极反其常,莫进而争,莫退而让。守国如此,与天地同光。"

【注释】

①机:指人的机智权变之心。

②宝:指圣人的历史地位和重大作用。

【译文】

文王询问太公:"如何才能守护国家呢?"

太公回答说:"请您先进行斋戒,然后我再告诉您关于天地运行的常规,四季万物生长的规律,圣贤的治国之道,民心背向的根源。"

文王于是斋戒了七天,然后向北面行拜礼两次,而问太公守国之道。

太公说:"天体移动,则产生四时;天地运转,则孕育万物。天下有民众,就要由圣贤来统治。所以依照四时运转的规律,春天是生长之季,万物都焕发生机;夏天是成长之季,万物都繁荣成长;秋天是收获之季,万物都富裕有余;冬天是贮藏之季,可使万物恢复宁静。万物成熟之后就要蓄藏，蓄藏之后则又重新生长。这样周而复始、循环往复，没有终点，也没有起点。圣人根据这一自然规律，制定出治理天下的普遍原则。因此天下安定之时，圣贤就藏伏不见；天下混乱之时，圣贤就应时而起，建功立业，这是由天地之间的根本规律所决定的。圣人生活在天地之间，他的地位和作用的确非常重大。他如果遵循自然规律治理百姓，那么百姓就会太平安定。百姓不太平安定，是动乱发生的征兆。一旦出现这种征兆，就会引起天下权力之争夺。在这个时候圣人就要积蓄力量，在暗中发起，在明处把握机会，首先起来倡导，那么天下的有志之士必然群起响应。当昏乱平定社会回归正常状态的时候，既不要过激争功，也无须过分退让。这样守国的话，才能与天地共同存在，与日月同放光辉。"

上贤

文王问太公曰："王人者①何上何下，何取何去，何禁何止？"

太公曰："王人者，上贤，下不肖，取诚信，去诈伪，禁暴乱，止奢侈。故王人者有六贼、七害。"

文王曰："愿闻其道。"

太公曰："夫六贼者，一曰臣有大作宫室台榭，游观倡乐者，伤王之德；二曰民有不事农桑，任气游侠，犯历法禁，不从吏教者，伤王之化；三曰臣有结朋党，蔽贤智，障主明者，伤王之权；四曰士有抗志高节，以为气势，外交诸侯，不重其主者，伤王之威；五曰臣有轻爵位，贱有司②，羞为上犯难者，伤功臣之劳；六曰强宗侵夺③，陵侮④贫弱者，伤庶人之业。

"七害者，一曰无智略权谋，而以重赏尊爵之故，强勇轻战，侥幸于外，王者谨勿使为将；二曰有名无实，出入异言，掩善扬恶，进退为巧，王者慎勿与谋；三曰朴其身躬，恶其衣服，语无为以求名，言无欲以求利。此伪人也，王者慎勿近；四曰奇其冠带，伟其衣服，博闻辩辞,虚论高议,以为容美,穷居静处,而诽时俗,此奸人也,王者慎勿宠;五曰谗佞苟得,以求官爵,果敢轻死,以贪禄秩,不图大事,得利而动,以高谈虚论说于人主,王者谨勿使;六曰为雕文刻镂,技巧华饰,而伤农事,王者必禁之;七曰伪方异伎,巫蛊左道,不祥之言,幻惑良民,王者必止之。

"故民不尽力,非吾民也;士不诚信,非吾士也;臣不忠谏,非吾臣也;吏不平洁爱人,非吾吏也;相不能富国强兵,调和阴阳,以安万乘之主,正群臣,定名实,明赏罚,乐万民,非吾相也。夫王者之道如龙首,高居而远望,深视而审听,示其形,隐其情。若天之高,不可极也;若渊之深,不可测也。故可怒而不怒,奸臣乃作;可杀而不杀,大贼⑤乃发。兵势不行,敌国乃强。"

文王曰:"善哉!"

【注释】

①王(wàng)人者:王于人者,即一国之君。

②有司:指负责某事的官吏。古代设官分职,各有专司,故称有司。

③强宗:有权有势的豪门大族。侵夺:侵占,抢夺。

④陵侮:欺负侮辱。

⑤大贼:祸国殃民,邪僻不正的人。

【译文】

文王询问太公:"统治百姓的君主,应当让什么样的人处于高位,什么样的人居于下位? 应当任用什么样的人,摒弃什么样的人? 应该严格禁止什么行为,遏止什么举动?"

太公答道:"身为君主,应该让德才兼备之人处于高位,让无德无才之辈处于下位。重用诚信之人,摒弃奸诈虚伪的小人。严禁暴虐和动乱,遏止奢侈和糜烂。所以统治百姓的君主,要小心戒备能严重败坏自身、损害自身的六贼和七害。"

卷一 文韬

文王说:"我愿意听您讲讲这些道理。"

太公回答说:"所说的六贼就是:第一,大臣中有人大肆兴建宫室、亭池、台榭,沉湎于游玩嬉戏的,就会败坏君主的德政;第二,百姓之中有人不愿意进行农桑之业,任意使气,游侠四方,而敢于违犯法令,不听从政府官员管制教化的,就会败坏君主的教化;第三,大臣中有为了私利结集党人形成派别,迷惑君主视听的,就会削弱君主的权力;第四,士人中有志向高远,标榜节操,并以此造势,向外结交拉拢诸侯,没有尊重君主的,就会损害君主的威严;第五,大臣之中有不重视君主授予的爵号官位,不严守职责,不敢为君主冒险犯难的,就会损害功臣的功勋;第六,地方上势力强大的宗族竞相侵略夺取,欺压贫弱的民众,就会损害民众的生计之业。

"所说的七害就是:第一,没有智略权谋,却为了高官爵位,对外强作英勇,轻率作战,企图以侥幸获胜立功的,君主一定不能让这种人担任将帅;第二,空有虚名而实际上没有才能,言行不一,总想掩盖他人的优点,宣讲他人的缺点,到处投机取巧的,君主一定要小心,一定不能和这种人商议大事;第三,样子看上去朴实,衣着粗糙低劣,嘴上说无所求,实际上却热衷名誉,自己说无欲无求,实际上却孜孜求利,这样的人是虚伪的,君主一定不能亲近这种人;第四,冠带新奇独特,穿着华丽多彩,见闻宽广博大,擅长辩论,以美化自己的形象,居住在偏僻简陋的地方,却诽谤世俗朝政,这样的人是奸诈之人,君主千万要慎重,不能宠信并重用这种人;第五,向君主进献谗言以诋毁别人,奉承讨好上司,不择手段地谋取爵位,不顾性命地贪求俸禄,不考虑大局,见到有利可图就为之所动,通过高谈阔论来取悦君主,君主千万不能任用这种人;第六,居室雕花镂鸟,追求装饰华美,因而妨害正常农业生产的,君主就一定要禁止这样的事情;第七,使用骗人的方术,诡诈的技艺,以及各种巫术邪道,散布惑乱人心的妖言,来迷惑欺骗善良百姓的,君主一定要制止这样的事情。

"因此说,百姓没有竭尽力量从事农业生产,就不是我的好百姓;士人不能做到忠诚守信,就不是我的好士人;大臣不敢忠诚直谏,就不是我的好大臣;官吏为政不能做到公平廉洁爱护民众,就不是我的好官吏;宰相不能让国家富有起来,让军队强大起来,调和各种各样的矛盾,处理各种各样的问题,稳固君主地位,规正群臣,核查名实,赏罚分明,使百姓安居乐业,就不是我的好宰相。君主治理国家,就好比隐露于云雾之间的神龙之首,高瞻远瞩,洞察一切问题,审慎听取各方的意见,好像显示了身形,却依然隐藏于情实之中。使人感觉像天那样高而望不到边际,像渊那样深而不能测量其深度。因此,君主该动怒的时候而不动怒,奸邪之臣就会制造事端,存心捣乱;该杀的时候不杀,祸害国家的人就会制造动乱;该讨伐敌国而不讨伐,敌国就会强大发展起来。"

文王说:"您的话讲得太有道理了!"

举贤

文王问太公曰:"君务举贤而不能获其功,世乱愈甚,以致危亡者,何也?"

太公曰:"举贤而不用,是有举贤之名,而无用贤之实也。"

文王曰:"其失安在?"

太公曰:"其失在君好用世俗之所誉,而不得真贤也。"

文王曰:"何如?"

太公曰:"君以世俗之所誉者为贤,以世俗之所毁①者为不肖,则多党②者进,少党者退。若是,则群邪比周③而蔽贤,忠臣死于无罪,奸臣以虚誉取爵位,是以世乱愈甚,则国不免于危亡。"

文王曰:"举贤奈何?"

太公曰:"将相分职,而各以官名举人,按名督实,选才考能,令实当其名,名当其实。则得举贤之道也。"

①毁:毁谤,诋毁,詈骂,说别人的坏话。

②党:朋党,同伙,同一宗派团体的人。

③比周:上下串通勾结,结党营私。

【译文】

文王询问太公:"君主致力于推举选用人才,却无法收到实效,世局反而越来越乱,以致使国家面临危亡,这是为什么呢?"

太公回答说:"君主推举选用了贤人而没有重用他们,这是有推荐贤人的虚名,而没有重用贤人的实际功效。"

文王询问:"那么过失在哪里呢?"

太公回答说:"过失在于君主喜欢重用世俗所称扬赞颂的人,因此没法得到真正的贤人。"

文王询问:"为什么会这样呢?"

太公回答说:"君主认为世俗所称扬赞颂的人就是贤人,而世俗所诋毁的人就不是贤人,那么结集朋党多的人就会被任用,而结集朋党少的人就不会被任用。这样邪恶之人就会朋比为奸而埋没贤人,忠臣没有犯罪而被置于死地,奸臣靠着虚名谋取了爵号官位,因此社会越来越乱,国家也就不免陷于危亡。"

文王询问:"那应该如何选拔贤人呢?"

太公回答说:"选拔重用贤才,应当使将帅和宰相各守其职,各自在自己职责范围内按照官职确定选拔条件,选用人才。要根据官吏的职责考核他们的实际成绩,选拔真正的人才。在具体工作过程中考察其能力的大小,确保官职与实际能力相符合。这样就掌握了选用贤才的方法了。"

赏罚

文王问太公曰:"赏所以存劝,罚所以示惩。吾欲赏一以劝百,罚一以惩众,为之奈何?"

太公曰:"凡用赏者贵信,用罚者贵必。赏信罚必于耳目之所闻见,则所不闻见者,莫不阴化①矣。夫诚畅于天地,通于神明,而况于人乎?"

【注释】

①阴化:暗中教化,潜移默化。

【译文】

文王询问太公:"奖赏是为了给人鼓励,惩罚是为了使人以此为戒,我想通过奖赏一个人来鼓励所有人,惩罚一个人来警诫所有人,应该如何做呢?"

太公回答道:"颁行奖赏关键要做到信守承诺,施行惩罚关键要做到言出必行。如果在人们容易听到和看到的地方奖赏信守承诺、惩罚言出必行的话,那么即使在远处或暗处没有亲自听到和看见的人,也都会因此而潜移默化了。诚信的精神能够在天地之间畅行,可以通达于神明,更何况用在人身上呢?"

兵道

武王问太公曰:"兵道何如?"

太公曰:"凡兵之道,莫过乎一①。一者,能独往独来。黄帝曰:'一者,阶于道②,几于神。'用之在于机,显之在于势,成之在于君。故圣王号兵为凶器,不得已而用之。今商王知存而不知亡,知

23

乐而不知殃。夫存者非存,在于虑亡,乐者非乐,在于虑殃。今王已虑其源,岂忧其流乎?"

武王曰:"两军相遇,彼不可来,此不可往,各设固备③,未敢先发。我欲袭之,不得其利,为之奈何?"

太公曰:"外乱而内整,示饥而实饱,内精而外钝。一合一离,一聚一散。阴其谋,密其机,高其垒,伏其锐士。寂若无声,敌不知我所备。欲其西,袭其东。"

武王曰:"敌知我情,通我谋,为之奈何?"

太公曰:"兵胜之术,密察敌人之机,而速乘其利,复疾击其不意。"

【注释】

①一:统一,一致,专一,这里是统一指挥的意思。

②阶于道:阶,阶梯,此做动词用,指逐步通向。道,事理,规律。

③固备:坚固的防备。

【译文】

武王询问太公:"用兵作战的原则是怎样的呢?"

太公回答说:"大凡用兵的原则,没有比高度统一的指挥更重要的了。高度统一指挥的话,军队就能无往不胜,不受任何牵制。黄帝说过这样的话:'指挥上高度统一,符合用兵的规律的话,几乎可以达到用兵如神的境界。'运用统一指挥来作战,最重要的是要做到把握时机;把握这一原则,最重要的是做到利用态势;成功运用这一原则,最重要的是要看君主的运筹。因此古代圣王认为战争是不祥之物,只有在没有其他办法的情况下才使用它。现在商王只知道他的国家安然无事,却不知道已经潜伏着灭亡的危险;只知道贪图享乐,而不知道祸难已经逼近。国家此时存在,不代表永远存在,关键在于能否居安思危;君主此时快乐,不代表永远快乐,关键在于能否做到乐不忘忧。现在我王已经思考谋虑到关乎安危存亡的根本问题,为什么还要担心枝节的问题呢?"

六韬　鬼谷子

24

武王询问说："敌我双方的大军相遇,相互对峙,敌人无法攻取我军,我军也无法攻取敌军。双方都防备坚固,谁都不敢发起攻势。我想袭击敌军,却找不到有利时机,应该怎样做呢?"

太公回答说："故意让全军外表散乱,而内部实际上严整有序;表面假装粮食缺乏,而实际上给养充足;实际上战斗力强大,却佯装战斗力衰竭疲弱。军队布阵忽合忽离,或聚或散,装作节制失度没有纪律以迷惑敌军。隐匿自己的谋略,严格保密自己的作战意图,高筑壁垒,埋伏好精锐部队。军营之内要做到隐蔽肃静,看起来无形无声,使敌人摸不清我方的军备状况。运用声东击西的战术,想要攻击西边,则可佯装袭击东边。"

武王询问说："如果敌人已经知道我军情况,通晓我方谋略,那该怎么做呢?"

太公回答说："取得战争胜利的方法,在于周密地勘察敌军机要,抓住有利的战机,出其不意地打击敌人。"

卷二　武韬

发启

文王在酆召太公曰："呜呼！商王虐极，罪杀不辜，公尚助予忧民，如何？"

太公曰："王其修德以下贤，惠民以观天道。天道无殃，不可先倡；人道无灾，不可先谋。必见天殃，又见人灾，乃可以谋。必见其阳，又见其阴，乃知其心；必见其外，又见其内，乃知其意；必见其疏，又见其亲，乃知其情。行其道，道可致也；从其门，门可入也；立其礼，礼可成也；争其强，强可胜也。全胜不斗，大兵无创，与鬼神通。微哉！微哉！

"与人同病相救，同情相成，同恶相助，同好相趋。故无甲兵而胜，无冲机而攻，无沟堑而守。大智不智，大谋不谋，大勇不勇，大利不利。利天下者，天下启之；害天下者，天下闭之。天下者，非一人之天下，乃天下之天下也。取天下者，若逐野兽，而天下皆有分肉之心。若同舟而济，济则皆同其利，败则皆同其害。然则皆有启之，无有闭之也。无取于民者，取民者也；无取于国者，取国者也；无取于天下者，取天下者也。无取民者，民利之；无取国者，国利之；无取天下者，天下利之。故道在不可见，事在不可闻，胜在不可知。微哉！微哉！

"鸷鸟将击，卑飞敛翼；猛兽将搏，弭耳①俯伏；圣人将动，必有愚色。今彼有商，众口相惑，纷纷渺渺，好色无极，此亡国之征也。

吾观其野,草菅②胜谷;吾观其众,邪曲胜直;吾观其吏,暴虐残贼,败法乱刑,上下不觉,此亡国之时也。大明发而万物皆照,大义发而万物皆利,大兵发而万物皆服。大哉! 圣人之德,独闻独见,乐哉!"

【注释】

①弭耳:把翘起的耳朵平贴起来,以示驯服、安顺,欺骗对手。

②草菅(jiān):草茅。

【译文】

周文王在酆宫召见太公,对他说:"唉! 商纣王暴虐到了极点,任意杀戮无辜之人,请您辅助我为民解除忧愁,该怎么办呢?"

太公答道:"现在我王应先修养自己的品德,礼贤下士,并施惠于百姓,以观察天道运行所昭示的迹象。当天道还没有昭示商朝灭亡的征兆时,不可先倡导征讨。当社会还没有出现祸乱时,不可事先谋划兴师平乱。一定要见到上天亡商的征兆,又见到国家社会出现混乱,才可以谋划兴师征伐。一定要既看到商纣王的公开言行,又了解他的秘密活动,才能知道他的内心;既看到外在形势,又看到内在动机,才能知道他的真实意图;既看到他疏远什么人,又了解他亲近什么人,才能知道他的统治基础情况如何。只要奉行吊民伐罪之道,就可实现治国的王道;遵循正确的方略,统一天下的目的就可以达到;建立适当的礼仪制度,就一定能获得成功;只要敢与敌国争强,就可以战胜强大的敌人。取得全胜而不经过战斗,全军上下无人受伤,简直是用兵如神了。真是微妙啊! 真是微妙啊!

"能与人同疾苦就会相互救援,与他人意愿相同就可相互成全,与他人憎恶相同就可相互帮助,与他人爱好相同就可共同追求。这样,即使没有全副武装也能取胜,没有良好的武器装备也能攻城破敌,没有沟壑和护城河也能防守。真正有大智慧的人,其智慧运用于无形之中,所以人们往往看不出他的智慧;真正有谋略的人,其谋略施于事物未萌发之

27

前,所以人们往往看不见他的谋略;真正有大勇的人,其勇敢表现于交战之前,所以人们往往看不见他的勇气;真正谋大利的人,其利益早已分享给天下之人,所以人们看不出他所得的利益。为天下人谋利益的,天下人都支持他;为害于天下人的,天下人都摈弃他。天下不是某一个人独有的天下,而是天下所有人共同拥有的天下。夺取天下的情势,就像众人猎逐野兽一样,天下所有人都有分享兽肉的欲望。也如同坐一条船渡河一样,渡河成功,大家都达到了目的;没有渡过河,大家都遭受灾难。能与天下人同利害,天下人就都支持他,而不会反对他了。不从民众那里掠取利益,实际上却能够从民众那里得到利益;不从别国那里掠夺利益,实际上却能够从别国那里获得利益;不掠夺天下利益,实际上却能够从天下获取利益。不掠取民众利益,民众就拥戴他,这是民众给予他利益;不掠取别国利益,别国就会臣服于他,这是别国给予他利益;不掠夺天下利益,天下就支持拥戴他,这是天下给予他利益。所以,要取得天下,采取谋略在于隐秘而不可显露,实施谋略在于使人听不到,取得胜利在于使人不可知。真是微妙啊!真是微妙啊!

　　"凶猛的鸟将要击取猎物时,都要低飞而收拢翅膀;猛兽将要搏斗时,必先贴耳伏地潜行;圣贤要采取行动时,都要表现出自己愚蠢迟钝的样子。现在的那个商朝,上下相互欺骗迷惑,朝政混乱不堪,而纣王依然荒淫无度,这是国家覆亡的征兆。我观察他们的田地里,杂草多得胜过了庄稼;我观察他们的大臣,奸邪之徒超过了忠直之士;我观察他们的官吏,他们凶狠残暴地杀害百姓,导致法制败坏,刑罚错乱。面临这种危机,他们朝廷上下依然浑然不知,这是到了亡国的时候了。旭日当空则天下万物都能沐浴阳光,正义的大业所到的地方天下万物都能得到利益,大军兴起则天下万物都会顺服。真是伟大啊!圣人的德化,独到的见地,无人能及,其中蕴含着无穷的乐趣!"

文启

文王问太公曰:"圣人何守①?"

太公曰:"何忧何啬,万物皆得;何啬何忧,万物皆遒。政之所施,莫知其化;时之所在,莫知其移。圣人守此而万物化,何穷之有,终而复始。优之游之,展转求之;求而得之,不可不藏。既以②藏之,不可不行;既以行之,勿复明之。夫天地不自明,故能长生;圣人不自明,故能名彰。

"古之圣人,聚人而为家,聚家而为国,聚国而为天下。分封贤人以为万国,命之曰大纪。陈其政教,顺其民俗,群曲化直,变于形容。万国不通,各乐其所,人爱其上,命之曰大定。呜呼!圣人务静之,贤人务正之。愚人不能正,故与人争。上劳则刑繁,刑繁则民忧,民忧则流亡。上下不安其生,累世不休,命之曰大失③。天下之人如流水,障之则止,启之则行,静之则清。呜呼,神哉!圣人见其所始,则知其所终。"

文王曰:"静之奈何?"

太公曰:"天有常形,民有常生④。与天下共其生,而天下静矣。太上因之,其次化之。夫民化而从政,是以天无为而成事,民无与而自富,此圣人之德也。"

文王曰:"公言乃协予怀,夙夜念之不忘,以用为常。"

【注释】

①守:遵守,遵循。

②以:通"已",已经。

③大失:最大的过失。

④常生:固定的生活规律。

【译文】

文王向太公问道："圣人治理天下应恪守哪些准则呢？"

太公答道："无须忧虑什么，也无须制止什么，天下万物就能生长繁荣；不去制止什么，也不去忧虑什么，天下万物皆可被施与恩惠。实施政令的时候，要使民众在不知不觉中受到教化，就像时间存在而人们不知道它在流转。圣人恪守这一原则，则天下万物就会自然生息，周而复始，永无穷尽。这种从容悠闲无为而治的治国原则，君主必须反复探求；既已探求到了，就要把它深深地牢记在心中；既已牢记于心中，就要考虑去贯彻执行；既已贯彻执行，就不必再将它显现出来。天地运行从不宣告自己的规律，而万物自会按其规律生长；圣人不炫耀自己的英明，而自能声名显著。

"古代的圣人，把人们聚集起来组成家庭，把许多家庭聚集在一起，即组成国家，把许多国家聚集在一起，即组成整个天下。他分封贤人为各国诸侯，自己并不直接进行治理，这种情况可以称之为最高的纲纪。贤人治理国家，宣传政令教化，顺应各地风俗人情，移风易俗，把邪僻转化为正直。虽然各国的习俗不同，但能使民众安居乐业，人人尊敬爱戴君主，这就是最安定的局面。唉！圣人以清静无为来治理国家，贤君以端正身心来感化民众，愚昧的君主不能端正身心，所以会与民众争利。君主推行政令过多，就会导致刑罚增多；刑罚增多，就会造成民众忧惧；民众忧惧，就会逃亡流离。上下都不得安生，社会长期动乱不安，这就叫作过失的局面。天下百姓就像流水一样，阻塞它就停止，开放它就川流不息，不去触碰它就会清澈。唉，真是神妙啊！只有圣人才能看到事物的开始，就已经推断出它的结果。"

文王问："怎样才能使天下安静祥和呢？"

太公答道："上天有它运行的规律，民众有固定的生活规律。君主能同民众共安生业，那么天下就会安静祥和。所以治理天下的最高境界是顺应民心进行治理，其次是宣扬政教以感化民众。民众听从教化就会服从政令。所以，上天清静无为而能生长万物，民众无须施舍就能丰衣足食,这就是圣人治理天下的德政。"

文王说:"您讲的这些话真的是合我的心意,我将日夜记住它,把它作为治理国家的根本原则。"

文伐

文王问太公曰:"文伐①之法奈何?"

太公曰:"凡文伐有十二节②:

"一曰,因其所喜,以顺其志,彼将生骄,必有奸事。苟能因之,必能去之。

"二曰,亲其所爱,以分其威。一人两心,其中必衰。廷无忠臣,社稷必危。

"三曰,阴赂左右,得情甚深,身内情外,国将生害。

"四曰,辅其淫乐,以广其志,厚赂珠玉,娱以美人。卑辞委听,顺命而合。彼将不争,奸节乃定。

"五曰,严③其忠臣,而薄其赂。稽留其使,勿听其事。亟为置代④,遗以诚事。亲而信之,其君将复合之。苟能严之,国乃可谋。

"六曰,收其内,间其外,才臣外相,敌国内侵,国鲜不亡。

"七曰,欲锢其心,必厚赂之,收其左右忠爱,阴示以利,令之轻业,而蓄积空虚。

"八曰,赂以重宝,因与之谋,谋而利之,利之必信,是谓重亲。重亲之积,必为我用。有国而外,其地必败。

"九曰,尊之以名,无难其身。示以大势,从之必信。致其大尊,先为之荣,微饰圣人,国乃大偷。

"十曰,下之必信,以得其情。承意应事,如与同生。既以得之,乃微收之。时及将至,若天丧之。

"十有一曰,塞之以道,人臣无不重贵与富,恶危与咎。阴示大尊,而微输重宝,收其豪杰。内积甚厚,而外为乏。阴内智士,使图其计。纳勇士,使高其气。富贵甚足,而常有繁滋。徒党已具,是谓塞之。有国而塞,安能有国?

"十有二曰,养其乱臣以迷之,进美女淫声以惑之,遗良犬马以劳之,时与大势以诱之,上察而与天下图之。

"十二节备,乃成武事⑤。所谓上察天,下察地,征已见⑥,乃伐之。"

【注释】

①文伐:指不用军事手段而综合运用政治、外交手段打击敌人。

②节:泛指事项。

③严:尊敬。此处可理解为与他结好以从中进行离间的意思。

④置代:派人替换。

⑤武事:与军队或战争有关的事情。

⑥见(xiàn):显现,显露。

【译文】

文王向太公问道:"在采取军事行动以前,如何先用非军事的手段打击敌国呢?"

太公答道:"用非军事的手段打击敌国,共有十二种方法:

"一是依据敌国君主的喜好,顺从他的心意。这样,他就会滋长骄横之气,就会去做邪恶的事情。如果他能这样继续下去,就一定可以除去敌国。

"二是亲近拉拢敌国君主宠臣,削弱敌国君主的权威。敌国君主所信赖的大臣一旦怀有二心,那么他对君主的忠诚程度就会降低。敌国朝中没有了忠臣,国家就会陷入危亡的境地。

"三是私下送财物收买敌国君主身边的近臣,和他建立深厚的感情。这些人身在敌国,而心向别国,这样的话敌国就必将发生祸害。

"四是助长敌国君主放纵享乐之风,滋长他的荒淫欲望,用大量珠宝贿赂他,送上美女供他娱乐享受。同他交往时,言辞卑微,屈意听从,顺从他的命令,迎合他的虚荣心。这样,他将不再有争雄之心,而毫无顾虑地放纵自己的邪恶行为了。

　　"五是故意尊敬敌国的忠臣,只送给他微薄的礼物。当他出使我国时,故意将其羁留,不让他完成使命,极力促使敌君改派使者,然后再诚心与新派来的使者解决所交涉的问题,向他表示亲近以取得他的信任,从而使敌国君主弥合与我国的关系。这样用不同的态度对待敌国的忠臣和奸佞,让敌国君主疏远忠臣,那么敌国就可以谋取了。

　　"六是收买敌国内部大臣,离间敌国君主同统兵在外的将领、守臣的关系,使其有才干的大臣里通外国,造成敌国内部明争暗斗,这样敌国就很少有不灭亡的。

　　"七是要想笼络敌国君主的心思,使其对我深信不疑,就必须多多赠送给他贵重的礼物,同时收买他身边的亲信大臣,暗中用利益诱使他们怂恿君主忽视生产,造成物质匮乏,国库空虚。

　　"八是献给敌国君主贵重的礼物,与之结盟同谋别国,使他知道这一谋划对他有利。他得到利益后必然信任我们,敌国与我国的关系就更加亲近友好。关系越亲近友好,敌国就必然会越被我所利用。敌国自己拥有一方国土而被外国利用,这国土就会大片沦丧。

　　"九是用煊赫的名号尊崇敌国君主,不要让他在满足自身的虚荣心方面遇到什么困难,给他以君临天下的感觉,顺从他的意志以博取他的信任。使他居于至高无上的地位,夸耀他的功绩,又恭维奉承他德比圣人,这样他必然会狂妄自大而荒废政事了。

　　"十是使敌国深信不疑我方将居于比其低下的地位,这样必然获得他的信任从而获得他的内情。秉承他的意志,接受他分派的事,就像兄弟一般亲密。在获得他的信任之后,就可以渐渐收揽他的权势。一旦时机成熟时消灭他,就像上天要他灭亡一样自然而然。

　　"十一是用各种方法闭塞敌国君主的视听,使他无法了解到实际情况。凡是大臣和百姓没有不爱好富贵，而厌恶危难和灾祸的。暗中提供给他们尊贵的官位，秘密赠送他们大量财宝，来收买敌国的豪杰之士。自己国内积蓄充实，但表面上却假装物资匮乏。暗中收纳敌国的智谋之士，使他们与我方图谋大业；秘密结交敌国勇士，来提高我方的士气。要尽量满足这些人求取富贵的欲望，并不断使之滋长这种奢欲之风。这样，敌国的英雄豪杰就站在我们这一边了。这样做就是闭塞敌国君主的视听。敌国君主虽然还拥有国家，但视听已被闭塞，英雄豪杰已不忠心，他的国家怎么还能统治呢？

"十二是扶植敌国奸邪乱政的大臣来迷惑敌国君主；进献美女和演奏靡靡之音的乐工，以扰乱君主的神志；再送给敌国君主良驹好马，使其沉溺于声色犬马中而疲乏劳累；经常向他禀报国内有利的形势，以使他觉得国家社会运作正常。然后等待有利的时机，和天下人一起夺取他的国家。

"以上十二种非军事的手段都运用后，就可以采取大规模的军事行动了。这就是所谓上察天时，下观地利，等到各种有利的征兆都已显现时，就可以名正言顺地攻打敌国了。"

顺启

文王问太公曰："何如而可为天下？"

太公曰："大盖天下，然后能容天下；信盖天下，然后能约天下；仁盖天下，然后能怀天下；恩盖天下，然后能保天下；权盖天下，然后能不失天下；事而不疑，则天运不能移，时变不能迁。此六者备，然后可以为天下政。

"故利天下者，天下启之；害天下者，天下闭之；生天下者，天下德之；杀天下者，天下贼之；彻①天下者，天下通之；穷天下者，天下仇之；安天下者，天下恃之；危天下者，天下灾之。天下者，非一人之天下,唯有道者处之。"

【注释】

①彻:明,显明。

【译文】

文王向太公问道:"怎样才能治理好天下呢?"

太公回答说:"一个人的器量或气度能够覆盖整个天下,他的心才能包容天下;一个人的诚信足以覆盖整个天下,他的能力才能管理天下;一个人的仁爱足以覆盖整个天下,他的情感才能安抚天下;一个人的恩惠足以覆盖整个天下,他的智谋才能保全天下;一个人的权势足以覆盖整个天下,他才能不失天下;一个人行事果断不迟疑,就像天体运行那样永不停息,像四时更替那样有规律可循。上述六项条件都具备了,然后这个人才有资格治理天下。

"所以,为天下人谋利益的,天下人就喜欢他、支持他;给天下人带来祸害的,天下人就反对他抗拒他;能使天下人得以生存的,天下人就感激他;使天下人遭到残害的,天下人就仇视他;使天下人能够明晰表达见识的,天下人就归附他;使天下人穷困的,天下人就憎恶他;使天下人安居乐业的,天下人就把他当作可信任的人;给天下人带来危难的,天下人就把他看成灾祸。天下不是某一个人的天下,只有道德高尚的人,才有资格占有治理天下的君主位置。"

三疑

武王问太公曰:"予欲立功,有三疑:恐力不能攻强、离亲、散众①,为之奈何?"

太公曰:"因之,慎谋,用财。夫攻强必养之使强,益之使张,太强必折,太刚必缺。攻强以强,离亲以亲,散众以众。

"凡谋之道,周密为宝。设之以事,玩之以利,争心必起。欲离其亲,因其所爱,与其宠人。与之所欲,示之所利。因以疏之,无使得志。彼贪利甚喜,遗疑乃止。凡攻之道,必先塞其明,而后攻其强,毁其大②,除民之害。淫之以色,啖之以利,养之以味③,娱之以乐。

　　"既离其亲,必使远民。勿使知谋,扶而纳之,莫觉其意,然后可成。

　　"惠施于民,必无爱财。民如牛马,数喂食之,从而爱之。心以启智,智以启财,财以启众,众以启贤,贤之有启,以王天下。"

【注释】

①散众:指分化瓦解敌国的军队和民众。

②大:守备坚固的大城大邑,此处指最强大的军事力量。

③味:指各种美味食物或菜肴。

【译文】

　　武王向太公问道:"我想建立功绩,但有三个疑问:恐怕自己的力量不足以进攻强敌,恐怕不能使敌国君臣离散,恐怕不能使敌国的军队和民众溃散。该怎样去做呢?"

　　太公回答说:"首先是因势利导,以削弱他的强大力量;其次是谨慎谋划,以离间他的亲信;再次是不惜花费财力,以贿赂他的将士。进攻强大的国家,一定要使其嚣张骄横;增长他的气势,使其猖狂自大。敌人过于强横,必遭受挫折;过于狂妄自大,必导致失误。要进攻强大的敌人,必先使用助长他强暴的方法;要离间敌人的亲信,必先用利益收买敌人的心腹;要瓦解敌国的军队、使其民众溃散,必先获得敌国的民心。

　　"大凡谋略的方法,最关键的是必须做好周密精确的布置。许诺给敌国君主的亲信大臣高官贵爵,用种种利益诱惑他们,敌人内部必然就会发生纷争。要想疏远敌国君臣的关系,就应当利用敌国君主所喜爱的近臣和所宠爱的佞臣,根据他们的爱好,来满足他们的欲望,许给他们丰厚的利益,使他们疏远君主,让他不能有所作为。他们因为得到我们给予的好处就满心欢喜,对我们图谋的疑虑也就自然而然消除了。一般进攻强大敌人的方法是,首先堵塞敌国君主的视听,然后再进攻他强大的军队,摧毁敌国最大的设施,来消除民众的祸害。而堵塞敌国君主视听的方法是,用女色来诱惑他,用厚利引诱他,用山珍海味滋润他,用靡靡之音迷乱他。

"既已离间了他的亲信,一定还要使敌国君主和民众的关系疏远。不要让敌方识破我们的计谋,引诱对方进入我方设置的圈套,对方始终没有觉察我方用意,然后我方的计划就可以成功了。对敌国的民众施加恩惠,一定要慷慨地给予财物。民众就像牛马一样,经常喂养他们的话,他们就会顺从和亲近我们。只要用心去思考,就能得到智慧,有了智慧就可以产生财富,有了财富就可以调动民众,并在民众中发掘贤才。大批贤才得到提拔任用,就可以辅佐君主统治天下。"

卷三　龙韬

王翼

武王问太公曰："王者帅师,必有股肱羽翼,以成威神,为之奈何?"

太公曰:"凡举兵帅师,以将为命。命在通达,不守一术。因能受职,各取所长,随时变化,以为纲纪,故将有股肱羽翼七十二人,以应天道。备数如法,审知命理①,殊能异技,万事毕矣。"

武王曰:"请问其目②。"

太公曰:"腹心一人,主潜谋应卒③,揆天消变,总揽计谋,保全民命;谋士五人,主图安危,虑未萌,论行能,明赏罚,授官位,决嫌疑,定可否;天文三人,主司星历,候风气,推时日④,考符验,校灾异,知天心去就之机;地利三人,主三军行止形势,利害消息,远近险易,水涸山阻,不失地利;兵法九人,主讲论异同,行事成败,简练兵器,刺举⑤非法;通粮四人,主度饮食,备蓄积,通粮道,致五谷,令三军不困乏;奋威四人,主择材力,论兵革,风驰电击,不知所由;伏鼓旗三人,主伏鼓旗,明耳目,诡符节,谬号令,阇忽往来,出入若神;股肱四人,主任重持难,修沟堑,治壁垒,以备守御;通才三人,主拾遗补过,应偶⑥宾客,论议谈语,消患解结;权士三人,主行奇谲,设殊异,非人所识,行无穷之变;耳目七人,主往来,听言视变,览四方之事,军中之情;爪牙五人,主扬威武,激励三军,使冒难攻锐,无所疑虑;羽翼四人,主扬名誉,震远方,摇动四境,以弱敌心;

游士八人,主伺奸候变,开阖人情,观敌之意,以为间谍;术士二人,主为谲诈,依托鬼神,以惑众心;方士二人,主百药,以治金疮,以痊万病;法算二人,主计会三军营壁、粮食、财用出入。"

【注释】

①审:清楚地。命理:天命,自然的法则。

②目:条目,要目。此指详细的编制情况。

③卒:通"猝",突然。此处指突然发生的事故。

④时日:时辰和日子。古人以为时日有吉凶,常以卜筮推算。

⑤刺举:刺探检举。

⑥应偶:应酬接待。

【译文】

武王向太公问道:"君主统率军队,必须有得力的辅佐大臣,以彰显君主威严莫测的气势,怎样才能做到呢?"

太公回答说:"凡用兵统率军队,军队应该把主将作为全军的关键人物。作为全军的关键人物,最重要的是通晓和了解各方面情况,而不仅仅只会某方面的特长。因此,应该根据主将的能力授予他们职事,利用他们的特长之处,随着时局变化而变化,并使之成为选拔人才的一项制度。所以主将身边需要具备有能力的辅佐人员七十二人,以便顺应天时运转,应付各种情况。按照这种方法为主将配置助手,就是掌握了担任主将的道理。任用各种具有奇异才能的人,就可以顺利完成各种事情。"

武王问:"请允许我询问一下这方面的具体内容。"

太公回答说:"由一人担任心腹,主管暗中谋算筹划,应付各种突然事变,观测天象变化以便消除祸患,总揽军政大计以便保全民众生命。五人担任谋士,主要负责筹划安全措施,考虑可能存在的隐患和灾祸,防患于未然,评定将士的品德才能,以便主将对部属能够赏罚分明,分别授予合适的官职,协助主将解决疑惑的事情,判定筹划安排是否具备可行性。三人担任天文,负责观察日月星辰的运行,掌握星象历法,测度风向

卷三 龙韬

气候，推算时日吉凶，考察吉凶征兆，核查灾异现象，掌握人心向背的原因。三人担任地利，负责考察军队行军和驻扎的地形状况，分析利弊得失的变化，观察道路的远近险易，江河水情和山势险阻等，确保军队作战不因地利而失败。九人担任兵法，负责研讨敌我双方形势的异同，分析作战胜负的原因，检查点验作战时的兵器，检举揭发各种扰乱军营的人和事。四人担任通粮，负责计算全军饮食所需，筹备储存，保证粮道畅通，征集军需粮秣，确保军队不出现粮食短缺的情况。四人担任奋威，负责选拔有才能的勇士，会挑选作战所使用的武器，使军队行动如风驰电掣般迅速，让敌方不了解我方的行军情况。三人担任伏旗鼓，主要负责熟练运用军队的战鼓和军旗，明确视听信号，制造假符节，发布假号令以迷惑敌人，使军队能够进退自如，往来不定，可以神出鬼没地进出敌营。四人担任股肱，负责担当重任，从事艰巨任务，挖掘护城河，构筑壁垒，使防御工事坚固难摧。三人担任通才，负责指出主将考虑不周之处，弥补主将的过失，应酬接待来自诸侯各国的使者宾客，和他们谈论谈判，从外交方面消除祸患，排解纠纷。三人担任权士，负责使用诡诈的手段，设置绝术异技，来迷惑敌人心志，实行变化无穷的权变。七人担任耳目，负责与外界交往，探听各路消息，观察动静，查明四方之事，了解全军之情。五人担任爪牙，负责宣传鼓动工作，振奋我军的士气，激励全军将士，使他们敢于冒险，攻克难关而无所疑惧。四人担任羽翼，负责宣扬主将的威名声誉，以震慑四方、动摇周边地域，从而削弱敌军斗志。八人担任游士，负责侦伺敌方派出的奸细，观察世态人情的变化，了解敌军的意图，以便进行间谍活动。二人担任术士，负责使用各种诡诈的手段，依托鬼神，来迷惑敌军的士众。二人担任方士，负责配置各种药品，用来治疗作战时所受的创伤，医治各种疾病。二人担任法算，负责统计全军所需的营垒、粮食、财物的收入和支出情况。"

论将

武王问太公曰:"论将之道奈何?"

太公曰:"将有五材十过。"

武王曰:"敢问其目?"

太公曰:"所谓五材者:勇、智、仁、信、忠也。勇则不可犯,智则不可乱,仁则爱人,信则不欺,忠则无二心。

"所谓十过者:有勇而轻死者,有急而心速①者,有贪而好利者,有仁而不忍人者,有智而心怯者,有信而喜信人者,有廉洁而不爱人者,有智而心缓者,有刚毅而自用者,有懦而喜任人者。

"勇而轻死者,可暴也;急而心速者,可久也;贪而好利者,可遗也;仁而不忍人者,可劳也;智而心怯者,可窘也;信而喜信人者,可诳也;廉洁而不爱人者,可侮也;智而心缓者,可袭也;刚毅而自用者,可事也;懦而喜任人者,可欺也。

"故兵者,国之大事,存亡之道,命在于将。将者,国之辅,先王之所重也。故置将不可不察也。故曰:兵不两胜,亦不两败。兵出逾境,期不十日,不有亡国,必有破军杀将。"

武王曰:"善哉!"

【注释】

①心速:思虑不周详,匆忙做出决定,急于求功。

【译文】

武王向太公问道:"评议将帅的标准有哪些呢?"

太公回答说:"将帅应具备五种美德,谨防十种缺点。"

武王问:"我冒昧地问一下,五种美德、十种缺点具体是指什么?"

太公回答道:"将帅应该具备的五种美德就是:勇敢、明智、仁慈、诚信和忠贞。勇敢就不会被战胜,明智就不会被迷惑,仁慈就会爱护他人,诚信就不会欺骗他人,忠贞就不会怀有二心。

"将帅应该谨防的十种缺点就是:秉性勇敢却轻视生命,性格急躁却急于求成,生性贪婪却嗜好名利,性情仁慈却流于姑息,聪明智慧却内心怯懦,诚信无欺却轻信别人,作风廉洁却待部属刻薄,足智多谋却举棋不定,坚强果敢却刚愎自用,性格懦弱却不能勇于负责,好依赖别人。

"对于勇敢却轻视生命的,可以激怒他,使其丧失理智;性格急躁却急于求成的,可以用持久拖延的方法来拖垮他,使其陷入困境;生性贪婪并嗜好名利的,可以用财物来贿赂收买他;性情仁慈却流于姑息的,可以经常骚扰他,使他疲惫;聪明智慧却内心怯懦的,可以使他置于窘迫之地;诚信无欺却轻信别人的,可以计谋来欺骗他;作风廉洁却待部属刻薄的,可以侮辱他;足智多谋却举棋不定的,可以突袭的方法来打败他;坚强果敢却刚愎自用的,可以算计利用他;性格懦弱却不能勇于负责,好依赖别人的,可以愚弄欺凌他。

"因此,出兵作战,是国家的大事,是国家的存亡关键,国家的命运掌握在军队的主将手里。军队的主将,是国家的辅佐,也是历代君王最重视的,因此任命主将一定要认真审察。所以说,双方交战不可能都取得胜利,也没有双方都失败的。只要军队越出国境,为期不出十天,不是攻陷他国,就是我国兵败将亡。"

武王说:"您讲得真有道理啊!"

选将

武王问太公曰:"王者举兵,欲简练英雄,知士之高下,为之奈何?"

太公曰:"夫士外貌不与中情相应者十五:有贤而不肖者,有温良而为盗者,有貌恭敬而心慢者,有外廉谨而内无至诚者,有精精①

六韬 鬼谷子

42

而无情者,有湛湛^②而无诚者,有好谋而不决者,有如果敢而不能者,有悾悾^③而不信者,有恍恍惚惚而反忠实者,有诡激而有功效者,有外勇而内怯者,有肃肃而反易人者,有嗃嗃而反静悫者,有势虚形劣而外出无所不至、无所不遂者。天下所贱,圣人所贵,凡人莫知,非有大明,不见其际,此士之外貌不与中情相应者也。"

武王曰:"何以知之?"

太公曰:"知之有八征:一曰问之以言,以观其辞;二曰穷之以辞,以观其变;三曰与之间谍,以观其诚;四曰明白显问,以观其德;五曰使之以财,以观其廉;六曰试之以色,以观其贞;七曰告之以难,以观其勇;八曰醉之以酒,以观其态。八征皆备,则贤不肖别矣。"

【注释】

①精精:精而又精,意为为人精明。

②湛湛:为人敦厚、老实、稳重的样子。

③悾(kōng)悾:诚恳的样子。

【译文】

武王向太公问道:"君王起兵兴师,要选拔豪杰之士,委以重任,怎样做才能分辨这些士人德才的高低?"

太公答道:"士的外表和他的内心实情不一致的情况有十五种:有的外表贤明,实际上没有什么品行和能力;有的貌似温和善良,实际上暗中常做偷盗之事;有的貌似对人很恭敬,而内心实是傲慢无礼;有的貌似廉洁谨慎,而内心却虚伪不真诚;有的看似精明强干,却没什么本领;有的表面忠厚稳重,却没有诚信可言;有的喜欢出谋划策,却毫无决断的能力;有的看似处事果断,实际上无所作为;有的貌似诚恳,实际上却没有信用;有的整日糊里糊涂,实际上却是忠实可靠的人;有的言行激烈,但办事却有功效;有的貌似勇敢无畏,其实内心胆怯;有的外表真诚,而实际上看不起别人;有的看上去严厉刻薄,而内心温和厚道,忠实诚恳;有的外表虚弱形体丑陋却能奉命外出办事无所不至,没有什么他完成不了的事情。总之,天下人所瞧不起的人,却往往被圣贤之君所看重。一般人不能了解这其中的道理,没有高明的见识,也无法明了其中奥秘。上述所言,就是士人的外表和他的内心实情不相一致的种种情况。"

武王问:"怎样才能真正了解士人的真实情况呢?"

太公回答说:"要了解他们,有八种检验方法:一是提出问题,通过他的回答判断他的应对能力;二是详细追问到底,考验他的应变能力;三是派人暗中考察侦视,看他是否忠诚;四是明知故问,看他是否隐瞒实情,以此考察他的品德;五是让他管理财物,看他是否为人廉洁;六是用女色进行试探,看他是否有操守;七是告诉他危难的情况,看他是否临危不惧;八是使他醉酒,看他酒后能否保持常态。这八个方面都进行考验之后,就可以鉴别一个人是贤明还是不肖。"

立将

武王问太公曰:"立将之道奈何?"

太公曰:"凡国有难,君避正殿,召将而诏之曰:'社稷安危,一在将军,今某国不臣,愿将军帅师应之。'

"将既受命,乃命太史卜。斋三日,之太庙,钻灵龟①,卜吉日,以授斧钺②。君入庙门,西面而立;将入庙门,北面而立。君亲操钺持首,授将其柄,曰:'从此上至天者,将军制之。'复操斧持柄,授将其刃,曰:'从此下至渊者,将军制之。见其虚则进,见其实则止,勿以三军为众而轻敌,勿以受命为重而必死,勿以身贵而贱人,勿以独见而违众,勿以辩说为必然。士未坐勿坐,士未食勿食,寒暑必同。如此则士众必尽死力。'

"将已受命,拜而报君曰:'臣闻国不可从外治,军不可从中御。

二心不可以事君，疑志不可以应敌。臣既受命专斧钺之威，臣不敢生还。愿君亦垂一言之命于臣。君不许臣，臣不敢将。'

"君许之，乃辞而行。军中之事，不闻君命，皆由将出。临敌决战，无有二心。若此则无天于上，无地于下，无敌于前，无君于后。是故智者为之谋，勇者为之斗，气厉青云，疾若驰骛，兵不接刃，而敌降服。战胜于外，功立于内，吏迁士赏，百姓欢悦，将无咎殃③。是故风雨时节，五谷丰熟，社稷安宁。"

武王曰："善哉！"

【注释】

①钻灵龟：即占卜来预测吉凶。商周时在决定重大事情之前，总要求神问卜。其方法是用烧红的小铜棍炙烙龟甲或兽骨，观察骨甲的裂痕走向来决定吉凶。

②斧钺：是一种斩杀罪人的刑器，此处象征军权。

③咎殃：灾祸，不幸的事。

【译文】

武王向太公问道："任命主将的具体仪式是怎样的呢？"

太公回答道："凡国家面临危难，国君就搬出正殿，居于偏殿，召见主将，并告诉他说：'国家的安危，全依靠将军您了。现在某国不肯臣服，请将军统率大军出兵迎战。'

"主将接受命令后，国君就令太史占卜吉凶。然后国君斋戒三天，前往太庙，太史钻凿龟甲，卜算吉日。国君授予主将斧钺。到了吉日，国君进入太庙门，面向西肃然站立，居于主位；主将随之进入太庙门，面向北恭敬站立，面对先君的神位。国君亲自手执钺的头部，把钺柄交给主将，宣告：'从此，军中上至于天的一切事务全由将军处置。'然后再亲自手握斧柄，将斧刃授予主将，并说：'从现在开始，军中下至于渊的一切事务都由将军一人裁定。将军起兵打仗时，发现敌人兵力虚弱就进攻，遇到敌人强大就停止，不要认为我军众多就轻视敌军，不要因为责任重大而以死相拼，不要因为身份尊贵就瞧不起别人，不要认为自己意见独到而不听从别人的意见，不要由于能言善辩而自以为是。士兵没有坐下，你不能先坐；士兵还没进餐，你不能先进餐。无论冬寒夏暑，都要与士卒同甘共苦。将军能做到这些，士卒们在战场上就会尽死力作战。'

"主将接受任命，听完训词后，就跪拜国君并回答说：'臣听说治理国事不可受外部的干预，军队在外不能由国君控制。主将怀有二心就不能忠心侍奉君主，主将受君主牵制而疑虑重重就不能专心致志去迎战敌人。臣既已奉命执掌军事大权，不获胜利就不敢侥幸逃生。但希望国君允许我全权处置军中一切事务，若不允许，臣不敢担此重任。'

"国君答允之后，主将就辞别君主，带领军队出征。从此军中一切事务，不听命于国君而全部由主将裁定。与敌军临阵作战，就不会犹豫不决。这样，主将就能上不受天时的制约，下不受地形的限制，前不受敌军的牵制，后不受君主的束缚。这样，足智多谋的人都愿出谋划策，骁勇善战的人都愿殊死战斗，士气昂扬直冲云霄，行动迅速如风驰电掣，还没开始作战而敌人就已降服。军队取胜于国外，将士建功于朝廷，将吏得到晋升，士兵得到奖赏，百姓欢欣鼓舞，主将就不会遭到责难。于是国家风调雨顺，五谷丰登，社会安宁祥和。"

武王说："您讲得太有道理了！"

将威

武王问太公曰："将何以为威？何以为明？何以为禁止而令行？"

太公曰："将以诛大为威，以赏小①为明，以罚审为禁止而令行。故杀一人而三军震者，杀之；赏一人而万人悦者，赏之。杀贵大，赏贵小。杀及当路贵重之臣，是刑上极也；赏及牛竖、马洗、厩养之徒,是赏下通也。刑上极,赏下通,是将威之所行也。"

【注释】

①小:此指地位低贱,无名无权的人。

【译文】

周武王问太公:"主将应该如何树立自己的威严呢? 怎样才能显现自己的英明呢? 又该如何做到所禁必止、有令立行呢?"

太公回答道:"主将,要敢于诛杀那些违犯军令而地位显赫的人,来树立自己的权威;要论功行赏,奖赏那些功绩显著而地位低微之人,来体现自己的英明;要周密而审慎地施行处罚,在全军中做到有禁必止,有令必行。因此,如果诛杀一个人能震惊三军的,那么就坚决处死他;如果奖赏一个人能使众人心悦诚服,那么就应该赏赐他。施行诛杀的刑罚,可贵之处在敢于针对那些地位显赫的大人物;施行奖赏的恩惠,可贵之处在赏赐那些身份卑微的小人物。依法处决那些身居高位的权贵大臣,就表明刑罚通达于最高层;论功行赏赐予那些牧牛饲马服杂役的小吏小卒,就表明奖赏通达于最下层。这样,刑罚无上不及,奖赏无下不达,主将的权威也就自然而然树立起来了,就可以通行于全军了。"

励军

武王问太公曰:"吾欲令三军之众,攻城争先登,野战争先赴,闻金①声而怒,闻鼓声而喜,为之奈何?"

太公曰:"将有三胜。"

武王曰:"敢问其目。"

太公曰:"将,冬不服裘,夏不操扇,雨不张盖,名曰礼将;将不身服礼,无以知士卒之寒暑。出隘塞,犯泥涂②,将必先下步,名曰力将;将不身服力,无以知士卒之劳苦。军皆定次③,将乃就舍,炊

卷三 龙韬

者皆熟,将乃就食,军不举火④,将亦不举,名曰止欲将;将不身服止欲,无以知士卒之饥饱。将与士卒共寒暑、劳苦、饥饱,故三军之众闻鼓声则喜,闻金声则怒。高城深池,矢石繁下,士争先登。白刃始合,士争先赴。士非好死而乐伤也,为其将知寒暑、饥饱之审,而见劳苦之明也。"

【注释】

①金:金钲,军中做信号用的乐器钲。两军交战时,鸣金则停止前进,击鼓则向前冲锋。

②泥涂:泥泞难行的道路。

③军皆定次:次,停留住宿。定次,军队驻扎。

④举火:生火做饭。

【译文】

武王向太公问道:"我想使三军之士,进攻城池时争先登城,野外作战时争先前进,听到退军的金钲声就愤怒,听到进军的鼓声就欢喜,怎么才能做到这样呢?"

太公答道:"主将要做到三点。"

武王问:"我冒昧地询问一下这方面的内容。"

太公回答道:"身为主将,冬天再冷也不穿裘皮大衣,夏天再热也不用扇子,雨下得再大也不撑伞篷,始终与士卒同甘共苦,这样的主将叫礼将;主将不能自身守礼,就不会了解士卒的冷暖。行军翻越狭隘阻塞的道路,跋涉泥泞难行的地形,主将必先下车马步行,这样的主将叫力将;主将不身体力行,就不能理解士卒的艰苦。全军都已安营扎寨后,主将才进入自己的营帐,官兵的饭菜都煮熟了,主将才开始就餐,全军都没有点火做饭,主将也决不独自做饭,这样的主将叫止欲将;主将不能克制自己的这种欲望,就不能体会士卒的饥饱。主将能同士卒同寒暑、共劳苦、同饥饱,那么三军之众听到前进的鼓声就踊跃欢喜,听到退兵的金钲声就愤怒。攻打高城深池时，就算箭矢如雨，士卒也会争先恐后奋勇登城；进行野外作战时，双方刚一交锋，士卒就会愿尽死力争先赴战。士卒并不是天性喜欢死亡、乐于伤残，而是由于主将平时关心他们的冷暖饥饱，体恤他们的劳苦艰辛，因此他们深受感动而愿意尽力报效。"

阴符

武王问太公曰："引兵深入诸侯之地，三军卒有缓急，或利或害。吾将以近通远，从中应外，以给三军之用，为之奈何？"

太公曰："主与将有阴符^①，凡八等：有大胜克敌之符，长一尺；破军擒将之符，长九寸；降城得邑之符，长八寸；却敌报远之符，长七寸；警众坚守之符，长六寸；请粮益兵之符，长五寸；败军亡将之符，长四寸；失利亡士之符，长三寸。诸奉使行符，稽留者，若符事泄，闻者告者皆诛之。八符者，主、将秘闻，所以阴通、言语不泄、中外相知之术。敌虽圣智，莫之能识。"

武王曰："善哉！"

【注释】

①阴符：古代军中的一种传达秘密的载体。符以铜版或竹木版制成，面刻花纹，一分为二，双方各执其一，以花纹或尺寸长短为秘密通信的符号。此处指军队主将与国君之间传送军情动态时用作秘密信号的符。

【译文】

武王向太公问道："率领军队深入敌国境内作战，三军之众突然遭遇紧急情况，战争情形或者对我方有利，或者对我方不利。我想使近处的军队通知远方的军队，内外保持接应，以便及时支应战场上三军的需要，应该怎么做呢？"

49

太公答道:"国君与主将之间有保持秘密通信的兵符,一共分为八种:有表示我军全面取胜、歼灭敌军的阴符,长度为一尺;有表示击破敌军,活擒敌将的阴符,长度为九寸;有表示攻陷敌军迫其投降,占领敌人城邑的阴符,长度为八寸;有表示击退敌人,通报远方战况军情的阴符,长度为七寸;有警告民众坚守的阴符,长度为六寸;有表示请求补给粮草、增兵支援的阴符,长度为五寸;有报告军队大败、主将阵亡的阴符,长度为四寸;有报告全军溃散、士卒伤亡的阴符,长度为三寸。凡是奉命传递阴符的,如果延误时限、泄露机密,无论泄密的人还是获知机密的人,一律处死。这八种阴符,只有君主和主将了解内在秘密,是一种用来暗中通信联络,而不泄露朝廷和战场机密的最好手段。这样,即使敌人十分聪明,也无法识破阴符的奥秘。"

武王说:"您讲得实在太好了!"

阴书

武王问太公曰:"引兵深入诸侯之地,主将欲合兵,行无穷之变,图不测之利,其事烦多,符不能明,相去辽远,言语不通,为之奈何?"

太公曰:"诸有阴事大虑①,当用书不用符。主以书遗将,将以书问主,皆'一合而再离②,三发而一知'。'再离'者,分书为三部;'三发而一知'者,言三人,人操一分,相参而不相知情也,此谓阴书③。敌虽圣智,莫之能识。"

武王曰:"善哉!"

【注释】

①阴事:机密的事。大虑:指需要反复考虑的谋略。

②再离:分拆两次,成为三部分。

③阴书:古代秘密通信的一种方法,能比阴符传递更具体更机密的消息。

【译文】

武王向太公问道:"率领军队深入敌国境内,主将想要集结各方兵力,来实行变化无穷的战术,谋求出人意料的胜利。但事情烦杂,用阴符不能明确说明意思,距离又远,无法直接用言语沟通。在这种情况下应该怎么做呢?"

太公回答道:"凡是军机密谋的大事需要决策,都应当用阴书,而不再用阴符。国君用阴书向主将传达指示,主将用阴书向国君请求答复,这种阴书都要'一合而再离,三发而一知'。所谓'再离',就是把一封完整的书信分成为三个部分;所谓'三发而一知',就是派三个人送信,每人送出的只是信的一部分,送信人虽然都参与了这件事情但是都不了解信的全貌,只有收信人将三个部分合在一起才能知道书信的内容,这就叫阴书。通过这种方法,即使敌人怎样明智,也不能识破其中的秘密。"

武王说:"您讲得真是太好了!"

军势

武王问太公曰:"攻伐之道奈何?"

太公曰:"势因于敌家之动,变生于两阵之间,奇正发于无穷之源。故至事不语,用兵不言。且事之至者,其言不足听也;兵之用者,其状不足见也。倏而往,忽而来,能独专而不制者,兵也。夫兵,闻则议,见则图,知则困,辨则危。故善战者,不待张军;善除患者,理于未生;善胜敌者,胜于无形。上战,无与战。故争胜于白刃之前者,非良将也;设备于已失之后者,非上圣①也;智与众同,非国师②也;技与众同,非国工③也。事莫大于必克,用莫大于玄默,动莫神于不意,谋莫善于不识。夫先胜者,先见弱于敌而后战者也,故事半而功倍焉。

"圣人征于天地之动，孰知其纪？循阴阳之道而从其候，当天地盈缩④，因以为常。物有死生，因天地之形。故曰，未见形而战，虽众必败。

"善战者，居之不扰，见胜则起，不胜则止。

"故曰，无恐惧，无犹豫。用兵之害，犹豫最大。三军之灾，莫过狐疑。善战者见利不失，遇时不疑。失利后时，反受其殃。故智者从之而不释，巧者一决而不犹豫。是以疾雷不及掩耳，迅电不及瞑目。赴之若惊；用之若狂；当之者破，近之者亡。孰能御之？

"夫将，有所不言而守者，神也；有所不见而视者，明也。故知神明之道者，野无衡敌，对无立国。"

武王曰："善哉！"

【注释】

①上圣：指智能超群、德才兼备的人。

②国师：国君的老师，一国之中智慧最高的人。

③国工：一国中技艺特别高超的人。

④天地盈缩：指自然界的盛衰变化，如四季的更替、月的圆缺等。

【译文】

武王向太公问道："攻伐敌军的战术是什么？"

太公答道："作战的态势要根据敌人而变化，战术的变化产生于两军对阵之时，出奇制胜和常规的用兵之法源源不断，无穷无尽。所以，最重要的机密不能泄露，用兵的谋略不可告诉他人。况且机密说出去了，也不见得能表述清楚；用兵的时候，没有固定的模式让人明白。倏然而去，忽然而来，捉摸不定，能够独断而行不受牵制，这就是用兵制胜的要道。我军兴兵，敌军闻风而动，就开始商议应对之策；敌人发现我军开始行动，就会对我军进行图谋；敌人知道我军的部署情况，我军就会陷入困境;我方的军情被敌军辨明,那么就会遭遇危险。所以善于用兵的人,未等两军交锋就已经取得胜利;善于消除祸患的人,在祸患未萌芽之时就开始预防;善于打胜仗的人,在无形之中已取得胜利;最高明的作战是不与敌军正面交锋而使敌人屈服。因此,通过兵刃相交殊死拼搏而取得胜利的人,不能称为良将;在兵败之后再来亡羊补牢的人,不能称为智士;智慧与一般人相同的,不能称为国师;技艺与众人大同小异的,不能称为国工。用兵最重要的莫过于攻克敌军而取得胜利,作战最重要的莫过于机密地筹划行动,行动最重要的莫过于出其不意,计谋最重要的莫过于神妙难测,使人不知所措。取得胜利的原则,都是先示弱于敌,然后进行决战。这样就可做到事半而功倍。

"圣人观察天地运行变化,反复探求其中的规律。圣人遵循日月运行,季节变化,昼夜长短的规律,并把这种规律当作常规来效法。万物的生死消长,取决于天地的变化。所以说,没有弄清敌方详情就贸然作战,即使兵力充足,物资具备,也必定失败。

"善于指挥作战的将领,按兵待机不被外在的假象所干扰,看到有胜利的时机就进攻,没有获胜的可能就静观其变。

"所以说,在战场上要无所恐惧,不要犹豫不决。用兵最大的祸患莫过于犹豫,军队最大的祸患莫过于狐疑。善于打仗的人,决不会错失有利的战争时机,遇到有利的战机决不迟疑。失掉有利条件放过有利战机,自己反而会遭受灾祸。所以,明智的指挥者抓住战机决不失之交臂,机智的指挥者一旦做出决定就绝不迟疑。所以投入战斗才能像迅雷使人来不及掩耳,像闪电划空使人来不及闭目。三军行进勇往直前,有如惊马奔驰;尽力奋战,如同狂犬飞奔。敌军若阻挡它就被击破,靠近它就被灭亡,这样破敌如神的军队谁还能抵抗呢?

"主将用兵,能不动声色而坚守用兵之道的叫作神;情况未明而能洞察战争形势的叫作明。所以,掌握了神明的道理,作战就没有与之抗衡的对手,敌国被灭而无法建立。"

武王说:"您讲得太有道理了!"

奇兵

武王问太公曰:"凡用兵之道,大要①何如?"

太公曰:"古之善战者,非能战于天上,非能战于地下,其成与败,皆由神势②。得之者昌,失之者亡。

"夫两阵之间,出甲陈兵,纵卒乱行者,所以为变也;深草蓊翳者,所以逃遁也;谿谷险阻者,所以止车御骑也;隘塞山林者,所以以少击众也;坳泽窈冥者,所以匿其形也;清明无隐者,所以战勇力也;疾如流矢击如发机者,所以破精微也;诡伏设奇,远张诳诱者,所以破军擒将也;四分五裂者,所以击员破方也;因其惊骇者,所以一击十也;因其劳倦暮舍者,所以十击百也;奇伎者,所以越深水,渡江河也;强弩长兵者,所以逾水战也;长关远候,暴疾谬遁者,所以降城服邑也;鼓行喧嚣者,所以行奇谋也;大风甚雨者,所以搏前擒后也;伪称敌使者,所以绝粮道也;谬号令与敌同服者,所以备走北也;战必以义者,所以励众胜敌也;尊爵重赏者,所以劝用命也;严刑罚者,所以进罢怠也;一喜一怒,一与一夺,一文一武,一徐一疾者,所以调和三军,制一③臣下也;处高敞者,所以警守也;保险阻者,所以为固也;山林茂秽者,所以默往来也;深沟高垒,积粮多者,所以持久也。

"故曰,不知战攻之策,不可以语敌;不能分移,不可以语奇;不通治乱,不可以语变。故曰,将不仁,则三军不亲;将不勇,则三军不锐;将不智,则三军大疑;将不明,则三军大倾;将不精微,则三军失其机;将不常戒,则三军失其备;将不强力,则三军失其职。故将者,人之司命,三军与之俱治,与之俱乱。得贤将者,兵强国昌,不得贤将者,兵弱国亡。"

武王曰:"善哉!"

【注释】

①大要:重点,概要。

②神势:神妙莫测的态势。

③制一:控制而使之统一。

【译文】

武王向太公问道:"用兵作战,重要的原则都有哪些呢?"

太公回答道:"古代善于用兵的人,不是能够上天,也不是能够入地,其成功与失败,全在于能否掌握神妙莫测的用兵之势。能掌握这种态势的,国家就会昌盛,不能掌握这种态势的,国家就会败亡。

"当两军对阵时,卸下铠甲,放下武器,任由士兵行列混乱,目的是为了蒙骗敌人,准备采取出其不意的军事行动;把军队布置在草木茂盛地区,目的是方便隐蔽撤退;占据溪谷险阻地形,目的是阻止敌人使用战车和骑兵;占领险隘关塞山林地形,目的是以少数兵力击败多数兵力;占领低洼、水泽等低湿幽暗地区,目的是隐蔽军队的行迹;占领平坦开阔地区,目的是同敌人公开格斗;军队行进速度快如飞箭,突击敌军猛如弩机发箭,目的是以迅雷不及掩耳之势瓦解敌军的精锐部署;巧妙设伏,巧设奇兵,虚张声势,诱骗敌人,目的是击破敌军,擒拿敌军主将;把军队分为若干分队,多方进攻,目的是击溃敌军或圆或方的各种阵势;乘敌人惊慌失措之时发起进攻,目的是取得以一击十、以少胜多的效果;乘敌人疲劳困倦、夜晚宿营之机发起进攻,目的是达到以十击百的效果,也能以少胜多;利用奇妙的技术架桥造船,目的是渡水过河;使用力量强大的弓弩和长兵器,目的是渡水作战;在边境设置关卡,派出侦察人员,隔断守军与外界的联系,突然假装撤退,目的是攻取敌人的城池占领敌人的土地;行军时故意大张旗鼓,喧哗打闹,目的是为了惑乱敌人耳目以便施行奇计妙策;冒着大风暴雨天气突然袭击,目的是攻前袭后多方进击;冒称敌人使者潜入敌后,目的是切断敌人的粮食供给;诈用敌人号令,穿上与敌军相同的服装，目的是在战败时可以方便逃走；作战中对官兵宣讲慷慨激昂的言论，目的是激励士气战胜敌人；对有功的封官加爵，加重奖赏，目的是劝勉官兵奋勇为国家效命；对有罪的施行严刑重罚，目的是促使疲愈没有士气的官兵振奋战斗；在人事处理上，有喜有怒，有赏有罚，有礼有威，有慢有快，目的是协调全军意志，统一步调行动；占领地势高而又开阔的地形，目的是便于警戒和防守；占领险隘要地，目的是稳固自己的防御；占领山林茂密的地形，目的是隐蔽军队往来的行动；深挖壕沟，高筑壁垒，多储粮草，目的是打持久战。

"所以说，主将不通晓攻战的方略，就谈不上对敌作战；不会灵活调动兵力，就谈不上出奇制胜；不清楚军队治乱的原因，就谈不上随机应变。可以这么说，主将不仁爱待人，军队就没有团结亲和力；主将不勇敢，军队就没有战斗的锐气；主将不机智，军心就容易动摇；主将不严明，军队就会遭到惨败；主将考虑问题不够全面仔细，军队就会失去有利战机；主将缺乏警惕，军队就会疏于防备；主将领导不刚强而有威力，军队就会玩忽职守。所以，主将是军队上下的主宰。主将持身严正，才能卓越，军队就会整齐有序，纪律严明，具有战斗力；主将持身不正，才智平庸，全军也就散漫混乱，纪律松弛，缺乏战斗力。因此，得到了贤明能干的主将，军队就会强大、国家就会昌盛；得不到贤明能干的主将，军队就会覆亡、国家就会衰弱。"

武王说："您讲得太有道理了！"

五音

武王问太公曰："律音之声，可以知三军之消息，胜负之决乎？"

太公曰："深哉！王之问也。夫律管十二，其要有五音：宫、商、角、徵、羽，此其正声也，万代不易。五行之神，道之常也，可以知敌。金、木、水、火、土，各以其胜攻之。

"古者三皇之世，虚无之情，以制刚强。无有文字，皆由五行。

五行之道,天地自然。六甲之分,微妙之神。其法:以天清净,无阴云风雨,夜半,遣轻骑往至敌人之垒,去九百步外,偏持律管当耳,大呼惊之,有声应管,其来甚微。角声应管,当以白虎①;徵声应管,当以玄武;商声应管,当以朱雀;羽声应管,当以勾陈;五管声尽不应者,宫也,当以青龙。此五行之符,佐胜之征,成败之机也。"

武王曰:"善哉!"

太公曰:"微妙之音,皆有外候②。"

武王曰:"何以知之?"

太公曰:"敌人惊动则听之。闻枹③鼓之音者,角也;见火光者,徵也;闻金铁矛戟之音者,商也;闻人啸呼之音者,羽也;寂寞无闻者,宫也。此五者,声色之符也。"

【注释】

①白虎:古代天文学家把周天黄道上的恒星分为二十八个星座即二十八宿。白虎本是西方七宿的合称,又用以代指西方,因西方属金,五行家就视白虎为金之神。

②外候:外面的征候,显露于外的迹象。

③枹(fú):击鼓的槌。

【译文】

武王向太公问道:"从律管发出的声乐中,可以知道军队盛衰,战争胜负的情况吗?"

太公回答道:"我王提出的这个问题真是深奥啊!十二个正音乐器定出的音阶主要有五个,即宫、商、角、徵、羽。这五音是真正符合音律的纯正之声,永远都不会改变。五行相生相克,神妙无比,乃是天地变化的自然规律,借此可以了解敌情。金、木、水、火、土五行,各以其过胜之处相互克制。

"古代三皇的时候,崇尚自然,清静无为,以克制刚强暴虐。当时没

卷三 龙韬

有文字,一切都按照五行生克的原理行事。五行相互生克的原理,就是天地之间的自然规律。六甲区分隐遁的方法,实在体现了最微妙的神机。运用五音五行来辅助战争的方法是:当天气清明晴朗,没有阴云风雨时,于半夜派遣轻骑前往敌营,在距离敌营九百步以外的地方,士兵都手拿律管对着耳朵,向敌方大声疾呼以惊动他们。这时,就会有来自敌方的回声反应于律管中,这回声听起来非常微弱。如果是角声反应于律管中,就说明要根据白虎所象征的方位从西方攻打敌人;如果是徵声反应于律管中,就说明要根据玄武所象征的方位从北边攻打敌人;如果是商声反应于律管中,就说明要根据朱雀所象征的方位从南边进攻敌人;如果是羽声反应于律管中,就说明要根据勾陈所象征的方位从中央攻打敌人;所有律管都没有回声的是宫声的反应,就说明要根据青龙所象征的方位从东边攻打敌人。所有这些就是五行生克的效应,辅佐攻敌制胜的征兆,成败与否的关键。”

武王道:“真是太神妙了!”

太公说:“微妙的音律,都有外部的征候。”

武王又问:“怎么才能知晓这些征候呢?”

太公回答道:“当敌人被惊动时就仔细倾听对方的动静,听到鼓声是角声的反应,见到火光是徵声的反应,听到金铁矛戟各种兵器声是商声的反应,听到敌人的呼叫声是羽声的反应,寂静无声的是宫声的反应。这五种迹象,都是律管中的声音与外部相符的情况。”

兵征

武王问太公曰:“吾欲未战先知敌人之强弱,豫见胜负之征,为之奈何?”

太公曰:“胜负之征,精神①先见。明将察之,其效在人。谨候敌人出入进退,察其动静,言语妖祥②,士卒所告。凡三军说怿③,士卒畏法,敬其将命,相喜以破敌,相陈以勇猛,相贤以威武,此强征也;三军数惊,士卒不齐,相恐以敌强,相语以不利,耳目相属,妖言不止,众口相惑,不畏法令,不重其将,此弱征也;三军齐整,阵势以固,深沟高垒,又有大风甚雨之利,三军无故④,旌旗前指⑤,金铎之声扬以清,鼙鼓之声宛以鸣,此得神明之助,大胜之征也;行阵不固,旌旗乱而相绕,逆大风甚雨之利,士卒恐惧,气绝而不属,戎马惊奔,兵车折轴,金铎之声下以浊,鼙鼓之声湿如沐⑥,此大败之征也。

　　"凡攻城围邑:城之气色如死灰,城可屠;城之气出而北,城可克;城之气出而西,城必降;城之气出而南,城不可拔;城之气出而东,城不可攻;城之气出而复入,城主逃北;城之气出而覆我军之上,军必病;城之气出高而无所止,用兵长久。凡攻城围邑,过旬不雷不雨,必亟去之,城必有大辅。此所以知可攻而攻,不可攻而止。"

　　武王曰:"善哉!"

【注释】

　　①精神:指人的神情意态。

　　②妖祥:凶兆和吉兆。妖,怪异凶恶。祥,吉祥,吉利。

　　③说(yuè)怿:心情愉快喜悦。说,通"悦",快乐。

　　④无故:指没有发生非常的变故,平静安定。此处指不待命令而行动。

　　⑤前指:前向,此处指向前飘扬。

　　⑥鼙鼓之声湿如沐:军用蒙鼓之皮如被淋湿后其声不振。

【译文】

　　武王向太公问道:"我想在两军未交战之前就先知道敌人的强弱情况,预见战争胜败的征兆,应该怎么办?"

　　太公答道:"胜败的征兆,可以从敌人的精神面貌预见出来。明智的主将会认真观察,胜负的效验是由人体现出来的。应当谨慎地侦察敌人出入进退的情况,观察他们的动静、言谈中隐含的话语是凶兆还是吉兆。凡是三军之众心情愉快,士卒遵守法令,尊敬主将,以破敌为喜,以勇猛为荣,以威武为誉,这是军队战斗力强大的表现;如果三军之众经常无故自相惊扰,士卒散乱无法无度,相互之间被敌人的强悍所恐吓,暗中传播作战不利的消息,相互之间议论纷纷,谣言四起不能制止,互相煽惑欺蒙,不畏惧法令,不尊敬主将,这是军队战斗力虚弱的表现;三军行动整齐统一,阵势坚固,沟深垒高,又凭借大风暴雨的有利条件,三军不待命令而旌旗指向前方,金铎之声高扬而清晰,鼙鼓之声婉转而嘹亮,这是军队得到天地神明的帮助,必将取得大胜的表现;三军行阵不稳固,旌旗纷乱而方向不明,又遭遇大风暴雨的不利气候条件,士卒震骇恐惧,士气消沉而涣散,军马受惊狂奔,战车轴木折断,金铎之声低沉而混浊,鼙鼓之声沉闷而压抑,这是军队大败的表现。

"大凡围攻敌人城邑:城上的云气颜色如死灰,表明这座城会被屠灭;城上的云气飘出城外并向北移动,表明这座城可被攻克;城上的云气飘出城外并向西移动,表明城中敌人必定投降;城上的云气飘出城外并向南移动,表明这座城不会被攻下;城上的云气飘出城外并向东移动,表明不能攻击此城;城上的云气飘出城外再飘入城内,表明守城的主将会弃城而逃;城上的云气飘出城外并覆盖在我军上空,表明我军必定会陷入困境;城上云气飘出城外,高高上升而不停止,表明这场战争会旷日持久。凡是围攻城邑,如果十几天过去了仍不打雷下雨,就必须赶紧离去,因为这表明城内敌人必有高明人士辅助。这些都是用来帮助主将清楚该进攻的时候就进攻、不该进攻就停止的道理所在。"

武王说:"您讲得太有道理了!"

农器

武王问太公曰:"天下安定,国家无事,战攻之具可无修乎？守御之备可无设乎?"

太公曰:"战攻守御之具尽在于人事。耒耜①者,其行马、蒺藜②也;马牛车舆者,其营垒、蔽橹③也;锄、耰④之具,其矛戟也;蓑薛、簦、笠者,其甲胄干盾也;镬、锸、斧、锯、杵、臼,其攻城器也;牛马所以转输粮用也;鸡犬其伺候也;妇人织纴,其旌旗也;丈夫平壤,其攻城也;春铍⑤草棘,其战车骑也;夏耨⑥田畴,其战步兵也;秋刈禾薪,其粮食储备也;冬实仓廪,其坚守也;田里相伍,其约束符信也;里⑦有吏,官有长,其将帅也;里有周垣,不得相过,其队分⑧也;输粟收刍,其廪库也;春秋治城郭,修沟渠,其堑垒也。故用兵之具,尽在于人事也。善为国者,取于人事。故必使遂其六畜,辟其田野,安其处所,丈夫治田有亩数,妇人织纴有尺度。是富国强兵之道也。"

武王曰:"善哉!"

【注释】

①耒(lěi)耜(sì):古代耕地翻土的农具。耒是耒耜的柄,耜是耒耜下端的起土部分,耒耜形状与犁相似。

②行马:即拒马,拦阻人马通行的木架。蒺藜:一年生草本植物,果实多刺。这里是指木蒺藜,一种带有尖刺的障碍物,形如蒺藜,用以拦阻人马通行,妨碍敌军行动。

③蔽橹:古代用来遮蔽防身的大盾牌。

④耰(yōu):古代一种用以击碎土块、平整土地和覆种的农具。

⑤镀(pō):古农具,似镰,用于割草收稻。

⑥耨(nòu):用耨这种农具除草。

⑦里:古代居民聚居的地方,也是古代基层行政划分的单位。或以二十五户为一里,或以五十户、一百户为一里。

⑧队分:队伍的分别界限。

【译文】

武王向太公问道:"天下安定,国家没有战争。在这种情况下,用于战争的器械,可以不用整修吗?防守御敌的设施,可以不用设置吗?"

太公答道:"战时所用的攻战和守御器材,全部都是平时用于人民生产生活的工具。耒耜,用作军用的拒马、木蒺藜等障碍器材;马车和牛车,可用作营垒和蔽橹等做防御用的器材;锄耰等农具,可用作矛戟来杀敌;蓑衣、雨伞和斗笠,可充当盔甲和盾牌;大锄、锹锨、斧子、锯子、杵臼等物,可用作攻城时的兵器;牛马,可用来转运粮草;家养的鸡狗,战争时可用来报时和警戒;妇女纺织的纱布,可用于制作战旗;男子日常平整土地的技术,战争时可用于攻城;春季割草除棘的方法,可用来同敌方的战车和骑兵作战;夏季耘田锄草的方法,可用来同敌方的步兵作战;秋季收割庄稼蓄积柴草,可用作备战的粮秣;冬季粮食堆满仓库,就是为战时的长期坚守做好准备;农家五户为伍,组织起来,就等于军中用法规约束行为,用号令符信指挥行动;每里设管理居民的长吏,官府又有长官管理这些长吏,战时这些官吏就是军中的将帅;里与里之间修筑围墙,不得逾越,战时即是军队的驻地区分;运输粮食,收割饲料,战时就是军队的粮草储备;春秋两季修筑内外城郭,疏浚各类沟渠,就如同战时修筑营垒挖掘沟壕。

"所以说,作战所需要的器具,实际上全部都是平时用于人民生产生活的工具。善于治理国家的君主,就要把平时人民的生产生活和军事结合起来。所以必须使人民大力畜养六畜,开垦田地,安居乐业。男子种田要达到规定的亩数,妇女纺织要完成规定的尺数。这就是富国强兵的根本途径。"

武王说:"您讲得真有道理!"

卷四　虎韬

军用

　　武王问太公曰："王者举兵,三军器用,攻守之具,科品众寡,岂有法乎?"

　　太公曰:"大哉! 王之问也。夫攻守之具,各有科品,此兵之大威也。"

　　武王曰:"愿闻之。"

　　太公曰:"凡用兵之大数,将甲士万人,法用武冲大扶胥①三十六乘,材士强弩矛戟为翼,一车二十四人推之。以八尺车轮,车上立旗鼓。兵法谓之震骇,陷坚阵,败强敌。

　　"武翼大橹矛戟扶胥②七十二具,材士强弩矛戟为翼。以五尺车轮,绞车连弩自副。陷坚阵,败强敌。

　　"提翼小橹扶胥一百四十具,绞车连弩自副,以鹿车轮。陷坚阵,败强敌。

　　"大黄参连弩大扶胥三十六乘,材士强弩矛戟为翼。飞凫、电影③自副。飞凫赤茎白羽,以铜为首;电影青茎赤羽,以铁为首。昼则以绛缟,长六尺,广六寸,为光耀;夜则以白缟,长六尺,广六寸,为流星。陷坚阵,败步骑。

　　"大扶胥冲车三十六乘,螳螂武士共载,可以击纵横,可以败敌。

六韬　鬼谷子

64

"辒车骑寇,一名电车④,兵法谓之电击。陷坚阵,败步骑寇夜来前。

"矛戟扶胥轻车一百六十乘,螳螂武士三人共载,兵法谓之霆击。陷坚阵,败步骑。

"方首铁棓维盼⑤,重十二斤,柄长五尺以上,千二百枚,一名天棓。大柯斧,刃长八寸,重八斤,柄长五尺以上,千二百枚,一名天钺。方首铁槌,重八斤,柄长五尺以上;千二百枚,一名天槌,败步骑群寇。飞钩⑥,长八寸,钩芒长四寸,柄长六尺以上,千二百枚,以投其众。

"三军拒守,木螳螂剑刃扶胥,广二丈,百二十具,一名行马。平易地,以步兵败车骑。

"木蒺藜⑦,去地二尺五寸,百二十具。败步骑,要穷寇,遮走北。

"轴旋短冲矛戟扶胥百二十具,黄帝所以败蚩尤氏。败步骑,要穷寇,遮走北。

"狭路微径,张铁蒺藜,芒高四寸,广八寸,长六尺以上,千二百具,败步骑。

"突瞑⑧来前促战,白刃接,张地罗,铺两镞蒺藜,参连织女⑨,芒间相去二寸,万二千具。旷野草中,方胸铤矛,千二百具,张铤矛法,高一尺五寸。败步骑,要穷寇,遮走北。

"狭路、微径、地陷,铁械锁参连,百二十具。败步骑,要穷寇,遮走北。

"垒门拒守,矛戟小橹十二具,绞车连弩自副。三军拒守,天罗虎落⑩锁连,一部广一丈五尺,高八尺,五百二十具。虎落剑刃扶胥,广一丈五尺,高八尺,五百二十具。

"渡沟堑飞桥,一间广一丈五尺,长二丈以上,着转关辘轳,八具,以环利通索张之。渡大水飞江,广一丈五尺,长二丈以上,八具,以环利通索张之。天浮铁螳螂,矩内圆外,径四尺以上,环络自副,三十二具。以天浮⑪张飞江,济大海,谓之天潢,一名天舡⑫。

"山林野居,结虎落柴营,环利铁索,长二丈以上,千二百枚。环利大通索大四寸,长四丈以上,六百枚。环利中通索大二寸,长四丈以上,三百枚。环利小微缧长二丈以上,万二千枚。

"天雨盖重车上板,结枲钮锯,广四尺,长四丈以上,车一具,以铁杙张之。

"伐木大斧,重八斤,柄长三尺以上,三百枚。棨钁,刃广六寸,柄长五尺以上,三百枚。铜筑固为垂,长五尺以上,三百枚。鹰爪方胸铁耙,柄长七尺以上,三百枚。方胸铁叉,柄长七尺以上,三百枚。方胸两枝铁叉,柄长七尺以上,三百枚。

"芟草木大镰,柄长七尺以上,三百枚。大橹刃,重八斤,柄长六尺,三百枚。委环铁杙,长三尺以上,三百枚。椓杙大锤,重五斤,柄长二尺以上,百二十具。

"甲士万人,强弩六千,戟楯二千,矛盾二千。修治攻具、砥砺兵器巧手三百人。此举兵军用之大数也。"

武王曰:"允哉!"

【注释】

①武冲大扶胥:设有大盾的大型战车。扶胥,戎车的别名。

②武翼大橹矛戟扶胥:一种配置有大盾牌和矛戟的战车。

③飞凫、电影:都是箭名。

④电车:忽往忽来风驰电掣一般的轻型战车。

⑤方首铁棓维昐:一种大方头的铁棒。

⑥飞钩:古代兵器的一种,似剑而曲,可用来钩取敌人。

⑦木蒺藜:用木料制成的形如蒺藜的有刺障碍物,用来阻碍敌军前进。

⑧突瞑:在天色黑暗时进行突然袭击。

⑨参连织女:将蒺藜缠缀在一起的障碍物。织女,本是一种类似蒺藜的草,此处指一种带有尖刺的障碍物,用来阻碍敌军前进。

⑩天罗虎落:一种障碍物的名称。天罗,缠缀有蒺藜的网。虎落,篱落,藩篱。

⑪天浮:一种浮桥。

⑫天舡:大型的船。

【译文】

武王向太公问道:"君王兴兵作战,军队所用的武器装备,攻城和守城所用的器械,其种类的区分和数量的多少,有一定的规定吗?"

太公答道:"我王提出的是一个非常重要的问题啊!攻城和守城所用器械的种类和数量,各有不同,这是关系到军队威力的关键。"

武王说:"我想听您一一道来。"

太公回答:"凡是用兵作战,武器装备有个一定的标准。统率万人甲士,所需武器装备的标准是武冲大扶胥的战车三十六辆,让有技能而勇猛的武士手持强弩、矛、戟站在两旁护卫,每辆车用二十四人推挽。其车轮的高度为八尺,车上插立战旗放置战鼓,以便指挥。兵法上把这种战车叫作震骇,可用它攻破坚固的阵势,击败强有力的敌人。

"武翼大橹矛戟扶胥的战车七十二辆,让有技能而勇猛的武士手持强弩、矛、戟站在两旁护卫。其车轮高五尺,并附设用绞车发射的连弩,可用它攻破坚固的阵势,击败强有力的敌人。

"提翼小橹扶胥的战车一百四十辆,其上附设用绞车发射的连弩。这种车装有独轮,可用它攻破坚固的阵势,击败强有力的敌人。

"大黄参连弩大扶胥的战车三十六辆,让有技能而勇猛的武士手持强弩、矛、戟站在两旁护卫,附设名为飞凫和电影的两种箭矢。飞凫,是一种箭杆为红色,箭羽为白色,箭头用铜做的箭;电影,是一种箭杆为青色,箭羽为红色,箭头用铁做的箭。白天的时候车上插上用红色的绢做的旗子,其长六尺,宽六寸,名叫光耀;夜晚的时候车上插上用白色的绢做的旗子，其长六尺，宽六寸，名叫流星。这种战车可用来攻陷敌军坚阵，击败敌人的步兵和骑兵。

"大扶胥冲车的战车三十六辆，车上载乘骁勇善战的武士，可以用来纵横冲击，击败强敌。

"辎车骑寇的战车，也叫电车，兵法上又称为电击，可以用来攻陷敌军坚阵，击败敌人的步兵和骑兵。

"敌人乘黑夜前来突袭，宜用矛戟扶胥轻车的战车一百六十辆，每车上载乘骁勇善战的武士三人。兵法上称为霆击，可用来攻破坚固的阵势，击败敌人的步兵和骑兵。

"方首铁棓维盼的铁棒，重量约十二斤，柄长五尺以上，共一千二百把，这种武器也叫天棓。大柯斧，刃长八寸，重量约八斤，柄长五尺以上，共一千二百把，这种武器也叫天钺。方首铁槌，重量约八斤，柄长五尺以上，共一千二百把，也叫天槌。这些武器都可以用来击败敌人的步兵和骑兵。飞钩，长八寸，钩尖长四寸，柄长六尺以上，共一千二百枚，可以用来投掷后钩住擒拿敌人。

"军队进行抵御防守时，应使用木螳螂剑刃扶胥的战具，每具宽两丈，共一百二十具，也叫行马。步兵将这种战具放置在平坦开阔的地形上，用它来阻碍敌军车兵和骑兵的行动。

"木蒺藜，设置时要高于地面二尺五寸，共一百二十具，可以用来阻碍敌军步兵和骑兵的行动，拦截力量衰竭的敌人，截堵撤退逃跑的敌人。

"轴旋短冲矛戟扶胥的战车一百二十辆，黄帝曾用这种战车打败蚩尤。可以用它来击败敌人的步兵和骑兵，拦截力量衰竭的敌人，截堵撤退逃跑的敌人。

"在狭隘的道路上，可以布设铁蒺藜。铁蒺藜刺长四寸，宽八寸，每具长六尺以上，共一千二百具，可用来阻碍敌军步兵和骑兵的行动。

"黑夜时敌人突然前来逼战，这时应布下地罗，布置两镞蒺藜和参连织女的障碍物，每具芒尖相距二寸，共一万二千具。在旷野草地作战，应布置方胸铤矛的障碍物共一千二百具。布设铤矛时要使它高出地面一尺五寸。以上这些器具，可以用来击败故军的步兵和骑兵，拦截力量衰竭的敌人，截堵撤退逃跑的敌人。

"在狭隘的道路和低洼的地形上，可以张设铁械锁参连的障碍物，共一百二十具。可以用来击败故军的步兵和骑兵，拦截力量衰竭的敌人，截堵撤退逃跑的敌人。

"军营门口拒敌防守，要用到以下器械：用矛、戟、小橹十二具，并附设绞车连弩。

"军队据营守御时，应布设天罗虎落锁链的障碍物，每部宽一丈五尺，高八尺，共一百二十具。并设置名为虎落剑刃扶胥的战车，每部宽一丈五尺，高八尺，共五百二十具。

"渡越沟堑，要架起飞桥，每间宽为一丈五尺，长两丈以上，飞桥上安装转关辘轳，共八具，用铁环和长绳连接架设。横渡江河，要使用飞江的浮桥，每间宽一丈五尺，长两丈以上，共八具，用铁环和长绳把它们连接铺设起来。天浮的渡水工具有叫作铁螳螂的铁锚，内方外圆，外径四尺以上，并用铁环和绳索连接，共三十二具。用天浮架设飞江，可以横渡江河。这种渡河工具被称为天潢，又被称为天舡。

"军队在山林野外驻扎时，应用木材结成虎落柴营的栅寨。用铁锁环环相连，长两丈以上，共需一千二百条。环环相连的大锁链，粗四寸，绳长四丈以上，共六百条。带铁环的中等绳索，铁环粗两寸，绳长四丈以上，共三百条；小号绳索，长两丈以上，共一万二千条。

"天下雨时，辎重车要盖上车顶板，板上揳刻齿槽，使它与车子契合，每副木板宽四尺，长四丈以上，每辆车配置一副并用铁桩加以固定。

"砍伐木材用的大斧，重量约八斤，柄长三尺以上，共三百把；棨镢大锄，刃宽六寸，柄长五尺以上，共三百把；名叫铜筑固的大锤，长五尺以上，共三百把；鹰爪方胸的铁把，柄长七尺以上，共三百把；方胸铁叉，柄长七尺以上，共三百把。

"割除草木用的大镰，柄长七尺以上，共三百把；大橹刀，重量约八斤，柄长六尺，共三百把；带环的铁橛，长三尺以上，共三百个；钉橛用的大铁锤,重量约五斤,柄长二尺以上,共一百二十把。

"兵众有万人之多的军队,需要装备强弩六千张,戟和大盾两千套,矛和盾两千套。此外,还需要配备修理作战器具和制造兵器的能工巧匠共三百人。以上所言,就是兵众有万人之多的军队所需要的装备器材的大致数目。"

武王说:"您讲得真有道理!"

三阵

武王问太公曰:"凡用兵为天阵、地阵、人阵^①,奈何?"

太公曰:"日月、星辰、斗杓,一左一右,一向一背,此为天阵;丘陵水泉,亦有前后左右之利,此为地阵;用车用马,用文用武,此谓人阵。"

武王曰:"善哉!"

【注释】

①天阵、地阵、人阵:天阵,依照天象布列的战阵。地阵,依照地形布列的战阵。人阵,根据人事布列的战阵。

【译文】

武王向太公问道:"用兵作战时布设的天阵、地阵、人阵,具体是指什么?"

太公回答说:"根据日月星辰的位置变化,北斗七星的斗柄指向,来判断是在左边布阵,还是在右边布阵,是对着布阵,还是背着布阵,这就是所谓的天阵;在丘陵水泽等地带,也有前后左右方位之分,充分利用地势条件布阵,这就是所谓的地阵;用战车还是骑兵,用文人智谋还是用武将勇力,这都要因敌方的状况而采取策略,这样的布阵方法就是所谓的人阵。"

六韬 鬼谷子

武王说:"您讲得真有道理!"

疾战

武王问太公曰:"敌人围我,断我前后,绝我粮道,为之奈何?"

太公曰:"此天下之困兵①也。暴②用之则胜,徐用之则败。如此者,为四武冲阵③,以武车骁骑惊乱其军而疾击之,可以横行。"

武王曰:"若已出围地,欲因以为胜,为之奈何?"

太公曰:"左军疾左,右军疾右,无与敌人争道,中军迭前迭后。敌人虽众,其将可走。"

【注释】

①困兵:处于困境的军队。

②暴:突然,这里指迅速勇猛。

③四武冲阵:四面都用战车部队进行攻击的战阵。

【译文】

武王向太公问道:"如果敌人从四面围困我军,切断了我军前后的道路,截断了我军的粮道,在这种情况下应该怎么办?"

太公答道:"这应该是天下处境最困难的军队了。如果采取速战速决就能战胜;如果行动迟疑,则必败无疑。像这样的情形,就把部队布成四面都有战车进行攻击的战阵,名为'四武冲阵'。用大型的战车和骁勇的骑兵,攻击敌军,使其陷入混乱,然后迅速实施突击,这样就可以轻而易举地突围出去了。"

武王又问:"如果我军已成功地突出重围,还想乘机利用战势击败敌军,又该怎么办呢?"

太公又答道:"应该以我方左翼部队迅速向左冲击,以我方右翼部队迅速向右冲击,千万不要和敌人争一地之失,以免分散兵力,同时以我方中间部队向敌军轮番突击，或击敌军前方部队，或击敌军后方部队。这样，敌军虽人数众多，其主将也会迫于形势而败逃。"

必出

武王问太公曰："引兵深入诸侯之地。敌人四合而围我，断我归道，绝我粮食。敌人既众，粮食甚多，险阻又固，我欲必出，为之奈何？"

太公曰："必出之道，器械为宝，勇斗为首。审知敌人空虚之地，无人之处，可以必出。将士人持玄旗，操器械，设衔枚①，夜出。勇力、飞足、冒将之士居前，平垒为军开道，材士强弩为伏兵居后，弱卒车骑居中。阵毕徐行，慎无惊骇。以武冲扶胥前后拒守，武翼大橹以备左右。敌人若惊，勇力、冒将之士疾击而前，弱卒车骑以属其后，材士强弩隐伏而处。审候敌人追我，伏兵疾击其后，多其火鼓，若从地出，若从天下，三军勇斗，莫我能御。"

武王曰："前有大水、广堑、深坑，我欲逾渡，无舟楫之备。敌人屯垒，限我军前，塞我归道，斥候②常戒，险塞尽守。车骑要③我前，勇士击我后，为之奈何？"

太公曰："大水、广堑、深坑，敌人所不守，或能守之，其卒必寡。若此者，以飞江、转关与天潢以济吾军，勇力材士从我所指，冲敌绝阵，皆致其死。先燔吾辎重，烧吾粮食，明告吏士，勇斗则生，不勇则死。已出者，令我踵军设云火远候，必依草木、丘墓④、险阻，敌人车骑必不敢远追长驱。因以火为记，先出者令至火而止，为四武冲阵。如此，则吾三军皆精锐勇斗，莫我能止。"

武王曰："善哉！"

【注释】

①衔枚:"枚"是一种形如筷子的竹木条,秘密行军时士卒横衔口中,以防喧哗或叫喊。

②斥候:哨兵,也指侦察瞭望的人。

③要(yāo):通"邀",拦截,阻拦。

④丘墓:坟墓。较大的墓冢称丘。

【译文】

武王向太公问道:"带领军队深入敌国境内,敌人从四面八方围困我军,切断我军回国的道路,断绝我军的粮道。而且敌军数量众多,粮食充足,并占领了险阻而又坚固难攻的地形。在这种情况下,我军要成功地突围而出,应该怎么办?"

太公答道:"突出敌人包围的方法,配备精良的兵器设备很重要,而奋勇战斗则最为首要。仔细查明敌人兵力薄弱的地方,无人防守的地方,然后乘虚而击,就可以冲出重围。突围时具体要做到:将士们都手持黑色的旗帜,手持兵器,口中衔枚,乘着黑夜行动。选拔勇敢有力、行动迅速、敢于冒险的将士担任先锋,摧平敌人某些营垒,为我大军扫除障碍打开通道;选择有技能而勇敢的武士作为伏兵隐匿在后面,使用强弩掩护大部队行动;让老弱士卒和车骑居于队伍中间。突围的各方面工作部署完毕后,冷静行动,谨慎从事,不要惊慌骚乱。使用武冲扶胥战车在军队前后护卫,用武翼大橹在军队左右防御。敌军一旦被惊动,我军勇敢有力的先锋部队即迅速发起冲击,勇往直前,老弱士卒和车骑跟随其后,有技能而配备有强弩的武士则埋伏起来。当侦察到敌人前来追击我军时,我军伏兵就迅速地攻击敌军的后部,并大量使用火光、鼓声,制造各种假象扰乱敌军耳目,使其感到我军仿佛是从地下冒出,从天上降下,全军奋勇战斗,敌军就不能抵御我军的突围了。"

武王问:"如果前面有大河、鸿沟、深坑阻碍,我军要顺利渡过去,但又没有船只这些工具。敌人屯兵筑垒,阻挡我军前进路线,堵截我军回国之路,其哨兵、侦察人员日夜戒备森严,险要地形全都有重兵把守,敌

卷四 虎韬

73

人的战车、骑兵又在前面阻截我军前进，勇士又在后面袭击，这如何是好？"

太公答道："凡是大河、鸿沟、深坑这些地方，敌人一般是不会设防的。即使设防，兵力也不会太多。这种情况下，我军就可以用飞江、转关和天潢等工具渡过去。派遣勇敢的武士按照将帅的指挥，冲锋陷阵，拼死战斗。大战之前，先焚毁我军的辎重，烧掉我军的粮草，明确告诉全军将士：军情危急，全军必须团结起来奋勇杀敌才有生路，畏缩怯战就是死亡。前锋部队冲出重围脱离危险之后，就让我军紧跟前锋的后续部队以烟火作为信号，派出哨兵、侦察人员在远方警戒，占领丛林、坟墓和险阻地形等各种险要的地形。这样，敌人的战车和骑兵就必定不敢长驱追击我军了。以烟火为信号，是为了通知先期突围的部队至有火的地方会集，把队伍排列成四武冲阵战斗队形，这样，我全军上下都精锐而勇猛战斗，敌人就无法阻挡我军突围了。"

武王说："您讲得真有道理！"

军略

武王问太公曰："引兵深入诸侯之地，遇深谿大谷险阻之水，吾三军未得毕济，而天暴雨，流水大至，后不得属于前，无舟梁之备，又无水草之资。吾欲毕济，使三军不稽留，为之奈何？"

太公曰："凡帅师将众，虑不先设，器械不备；教不素信，士卒不习，若此，不可以为王者之兵也。凡三军有大事，莫不习用器械。攻城围邑，则有轒辒、临冲；视城中则有云梯、飞楼；三军行止，则有武冲、大橹，前后拒守；绝道遮街，则有材士强弩卫其两旁；设营垒，则有天罗、武落①、行马、蒺藜；昼则登云梯远望，立五色旌旗；夜则设云火万炬，击雷鼓，振鼙铎，吹鸣笳②；越沟堑，则有飞桥、转关、辘轳、鉏铻；济大水，则有天潢、飞江；逆波上流，则有浮海、绝江③。三军用备,主将何忧?"

【注释】

①武落:即虎落,遮护城堡或营寨的竹篱。

②笳:古代管乐器,即胡笳。

③浮海、绝江:均为古代的渡河工具。

【译文】

武王向太公问道:"带领军队深入敌国境内,遇到深山险谷和危险难渡的河流,我军尚未完全渡过,这时天降暴雨,洪水大涨,后面的军队跟不上前方部队。既没有船只、桥梁这些渡水工具,又没有堵水用的草捆等物资。在这种情况下,要使全军渡过而不滞留于此,应当怎么办?"

太公答道:"凡是带兵作战,主将如果没有事先谋虑可能遇到的困难,各种军用器械不事先准备,平时训练没有落实到位,士卒不熟悉作战,就不能算是王者的军队。凡是军队要开展大的军事行动,必须事先使士兵熟练使用各种军用器械。如果围攻城邑,就用到轒辒、临车和冲车等攻城用的战车;想要观察城内敌情,就用登高的云梯和用于观察敌情的飞楼;三军想要前进或驻扎,就用武冲大扶胥、武翼大橹矛戟扶胥等大型战车在前后掩护,以备不测;想要封锁道路,就得用勇敢而有技术的士卒使用强弩在两旁保卫;想要设置营垒,就在四周布设天罗、武落、行马、蒺藜等障碍性器物;白天要派人登上云梯瞭望远方,就得设置青、红、白、黑、黄五色旌旗来发号施令;夜晚就点燃万把火炬,并击响雷鼓、敲动鼙鼓、摇动大铎、吹响鸣笳,作为指挥信号;想要跨越沟堑,就用飞桥、转关、辘轳、鉏铻;渡越大河,就用天潢、飞江等船只;逆流而行,就可用浮海、绝江。三军所需的器材用具都准备齐全,主将还要忧虑什么呢?"

临境

武王问太公曰:"吾与敌人临境相拒,彼可以来,我可以往,阵皆坚固,莫敢先举。我欲往而袭之,彼亦可来,为之奈何?"

太公曰:"兵分三处,令我前军,深沟增垒而无出,列旌旗,击鼙鼓,完为守备。令我后军,多积粮食,无使敌人知我意。发我锐士潜袭其中①,击其不意,攻其无备,敌人不知我情,则止不来矣。"

武王曰:"敌人知我之情、通我之谋,动而得我事,其锐士伏于深草,要我隘路,击我便处,为之奈何?"

太公曰:"令我前军,日出挑战,以劳其意;令我老弱,曳柴扬尘,鼓呼②而往来,或出其左,或出其右,去敌无过百步,其将必劳,其卒必骇。如此,则敌人不敢来。吾往者不止,或袭其内,或击其外,三军疾战,敌人必败。"

【注释】

①中:此指敌军的内部。

②鼓呼:边擂鼓边呐喊。

【译文】

武王向太公问道:"我军与敌人在国境线上抗争。敌人可以来攻我,我也可以攻敌,双方的战阵都坚不可摧,谁也不敢率先采取行动。我军打算袭击敌军,但又担心敌军前来袭击我军,应该怎么办?"

太公答道:"可以把我方军队分为前、中、后三支分队。让前方军队深挖沟堑,高筑壁垒,不要轻易出战。布列战旗,敲击鼙鼓,做好充分的守卫准备;令后方军队多积储粮食,不要让敌人获知我军意图。然后,派遣我方精锐部队趁敌军没有准备时偷袭其内部。敌人无法了解我军的具体情形,就不敢前来进攻了。"

武王又问道:"如果敌军已获知我方军情,洞察我军企图,我军一有军事行动,敌人就能得到情况,因而派出其精锐部队埋伏在深草丛中,在我军必经的隘路上实施截击,向我军兵力薄弱的地方发起攻击,该怎么办呢?"

太公回答说:"应命令前方军队白天出营去向敌人挑战,以使敌人疲惫懈怠;命令我军的老弱士卒,拖动树枝奔走,扬起尘土,击鼓呐喊,往来不停。进行挑战时,我军时而出现在敌人左方,时而出现在敌人右方,时而出现在敌人百步开外。在我军的不断骚扰下,敌人的主将必定感到疲惫懈怠,敌人的士卒必定恐慌不已。这样,敌人就不敢轻易前来进攻我军了。我军没完没了地骚扰敌军,时而袭击其的内部,时而攻击其的外部,最后,全军上下开展迅速的战斗,敌人一定会被打败。"

动静

武王问太公曰:"引兵深入诸侯之地,与敌之军相当,两阵相望,众寡强弱相等,未敢先举。吾欲令敌人将帅恐惧,士卒心伤①,行阵不固,后阵欲走,前阵数顾,鼓噪而乘之,敌人遂走,为之奈何?"

太公曰:"如此者,发我兵去寇十里而伏其两旁,车骑百里而越其前后,多其旌旗,益其金鼓。战合,鼓噪而俱起,敌将必恐,其军惊骇,众寡不相救,贵贱不相待,敌人必败。"

武王曰:"敌之地势,不可以伏其两旁,车骑又无以越其前后,敌知我虑,先施其备,我士卒心伤,将帅恐惧,战则不胜,为之奈何?"

太公曰:"微哉!王之问也。如此者,先战五日,发我远候②,往视其动静,审候其来,设伏而待之。必于死地③,与敌相遇,远我旌旗,疏我行阵,必奔其前,与敌相当。战合而走,击金无止,三里而还,伏兵乃起,或陷其两旁,或击其先后,三军疾战,敌人必走。"

武王曰:"善哉!"

【注释】

①伤:此指忧伤,哀伤。心伤,即谓心中忧伤而丧失斗志。

②候:侦察守望人员。

③死地:困境,绝境。

【译文】

武王向太公问道:"率领军队深入敌国境内,敌我势均力敌,双方临阵交战,兵力众寡强弱都相同,谁也不敢率先发起进攻。在这种情况下,我想使敌军主将恐惧慌张,部队士气低迷,行阵散乱,后阵士兵企图逃跑,前阵士兵瞻前顾后,动摇不定。然后,擂鼓呐喊,乘势攻击敌军,迫使其溃败逃走,应该怎么办?"

太公答道:"要达到这样的目的,须派遣部队绕到敌后十里的地方,在道路两旁埋伏起来,另派遣战车和骑兵远出百里,迂回到敌军的深远后方,并命令部队多备旌旗,增加金铎战鼓的数量。在双方战斗发起后,鼓声和呐喊声一时并起,各军同时向敌人发起进攻。这样,敌军主将必然恐惧慌张,士兵必然惊骇不已,以致敌军大小部队顾不上互相救援,身份高贵的官和身份低贱的士兵都只顾各自逃命。这样的话,敌军就必然失败。"

武王问道:"假如敌方所占据的地形不利于我军在其两旁设伏,我军战车和骑兵又不能迂回到敌人深远后方,我军行动企图又被敌军获知,他们预先做了充分的准备,我军士兵悲观沮丧,将帅恐惧慌张,与敌交战的话,就无法取胜。遇到这种情况,应该怎么办?"

太公答道:"我王提出的问题,真是深妙啊!遇到这种情况,应当在战争开始前五天,就先向远方派侦察人员,窥探敌人的一举一动。当侦察到敌人要前来进攻时,就预先设置埋伏等待敌军,一定要选择在对敌军最不利的地形上同敌军交战。我军要远远地设置旗帜,将我军的行阵队形疏散开来。一定要使前方军队急速前进，向敌军发起攻击。交战不久我军即行撤退，不停地鸣金退兵而故意不止，继续后退到三里外有我军埋伏的地方再回头反击，这时伏兵乘机而起，或攻击敌军两翼，或抄袭敌军前后，全军上下奋力作战，敌人就会被打败逃走。"

武王说："您讲得真有道理！"

金鼓

武王问太公曰："引兵深入诸侯之地，与敌相当，而天大寒甚暑，日夜霖雨，旬日不止，沟垒悉坏，隘塞不守，斥候懈怠，士卒不戒，敌人夜来，三军无备，上下惑乱，为之奈何？"

太公曰："凡三军以戒为固，以怠为败。令我垒上，谁何①不绝，人执旌旗，外内相望，以号相命，勿令乏音，而皆外向。三千人为一屯，诫而约之，各慎其处。敌人若来，视我军之警戒，至而必还。力尽气怠，发我锐士，随而击之。"

武王曰："敌人知我随之，而伏其锐士，佯北不止，遇伏而还，或击我前，或击我后，或薄我垒，吾三军大恐，扰乱失次，离其处所，为之奈何？"

太公曰："分为三队，随而追之，勿越其伏。三队俱至，或击其前后，或陷其两旁，明号审令，疾击而前，敌人必败。"

【注释】

①谁何：指以口令相问答。在警戒区内，将士都用暗号口令以相识别。

【译文】

武王向太公问道："带领军队深入敌国境内，敌我双方势均力敌，恰逢严寒或酷暑，或者日夜大雨持续十天都不停止，造成沟堑营垒全部毁坏,山险要隘不能守备,侦察哨兵麻痹懈怠,士兵疏于戒备。这时,敌人乘夜前来袭击,三军皆无准备,官兵上下一片混乱,对此应该怎么办?”

太公答道:“凡是军队营垒,只有严密警戒,才能守备牢固,若懈怠疏忽就会失败。遇到我王所讲的情况,必须命令我军营垒上的哨兵不停地盘诘查问出入人员,我军人人都手持旗帜,与营垒内外联络,相互传递号令,不要使金鼓之声断绝,士卒们面向敌方,随时准备投入战斗。每三千人编为一屯,严加告诫和约束,使其在各自的职位上谨慎小心。如果敌人发起进攻,看到我军戒备森严,即使逼近我军阵前,也必会惧怕逃走。这时,我军乘敌人气力衰竭之际,就可派遣我军的精锐部队紧随敌后攻击敌人。”

武王问:“敌人得知我军在后面攻击他们,就会事先埋伏下精锐部队,然后假装退却不止。当我军进入敌军伏击圈时,后退的敌人就回过头来和其他伏兵一起反击我军。有的攻击我军前部,有的袭击我军后部,有的进攻我军营垒,从而使我全军上下恐慌,自相惊扰,行列混乱,各自离开自己的职位。在这种情况下,应该如何是好?”

太公回答道:“在这种情况下,应该把我军分为三支部队,紧随敌军追击,注意不要进入敌人的埋伏地区。三支队伍都到齐后,联合出击。有的攻击敌军前后,有的攻击敌军两侧,号令要确保清晰明白,使士兵迅速向前进击。这样,敌人一定会被打败。”

绝道

武王问太公曰:“引兵深入诸侯之地,与敌相守,敌人绝我粮道,又越我前后①。吾欲战则不可胜,欲守则不可久,为之奈何?”

太公曰:“凡深入敌人之地,必察地之形势,务求便利,依山林、险阻、水泉、林木而为之固;谨守关梁②,又知城邑、丘墓地形之利。如是,则我军坚固,敌人不能绝我粮道,又不能越我前后。”

武王曰:"吾三军过大陵、广泽、平易之地,吾候望误失,卒与敌人相薄,以战则不胜,以守则不固,敌人翼③我两旁,越我前后,三军大恐,为之奈何?"

太公曰:"凡帅师之法,当先发远候,去敌二百里,审知敌人所在。地势不利,则以武冲为垒而前,又置两踵军于后,远者百里,近者五十里,即其警急,前后相救。吾三军常完坚,必无毁伤。"

武王曰:"善哉!"

【注释】

①越我前后:指敌人迂回到我军后部,从前后对我军进行夹击。

②关梁:指水陆交通要道上的关口、桥梁。

③翼:此处指从两旁包抄。

【译文】

武王向太公问道:"带领军队深入敌国境内,与敌军相守交战。这时,敌人截断了我军运输粮食的通道,并迂回到我军后方,从前后夹击我军。我军想与敌军作战,担心不能取胜,想据守营垒又担心不能坚持长久。这该怎么办呢?"

太公答道:"凡是带领军队深入敌国境内作战,必须察明地理形势,务必占据控制有利地形,依托山林、险阻、水泉、林木来保证阵势的巩固,小心谨慎地守卫我军后路的关口桥梁,还熟知城邑、丘墓等有利地形。这样,我军的阵营就能稳固,敌人既不能截断我军运输粮食的通道,也不能迂回到我军后方,从两面夹击我军了。"

武王问:"我军穿过高大的山林、宽阔的沼泽地及平坦的地形时,结盟部队误时未到,突然同敌军遭遇。我军想与敌军战斗,难以取胜;想据营坚守,又不能巩固。敌人趁机包围我军两侧,迂回到我军深远后方,我军上下恐惧慌张,不知所措。这种情况下,应该怎样做才好?"

太公回答道:"统军作战的基本韬略是,在大部队出其不意之前,应当先向远方派出侦察兵探清敌军情况,在距离敌人二百里处,就要详细了解敌人所处位置。如果地形对我方不利,就用战车结成营垒,布置在战阵之前,并派出两支后卫部队在后跟进,后卫部队和主力的间隔远的为一百里,近的为五十里。这样的布置,一旦遇到紧急情况,前面的大部队和两支后卫部队前后就可互相营救。我军如能经常保持这种完善而坚固的部署,就一定不会被敌人击败。"

武王说:"您讲得真有道理!"

略地

武王问太公曰:"战胜深入,略①其地,有大城不可下,其别军守险阻,与我相拒。我欲攻城围邑,恐其别军卒至而击我,中外②相合,击我表里,三军大乱,上下恐骇,为之奈何?"

太公曰:"凡攻城围邑,车骑必远,屯卫警戒,阻其外内。中人③绝粮,外不得输。城人④恐怖,其将必降。"

武王曰:"中人绝粮,外不得输,阴为约誓,相与密谋,夜出穷寇死战,其车骑锐士,或冲我内,或击我外。士卒迷惑,三军败乱,为之奈何?"

太公曰:"如此者,当分军为三军,谨视地形而处。审知敌人别军所在,及其大城别堡⑤,为之置遗缺之道,以利其心,谨备勿失。敌人恐惧,不入山林,即归大邑。走其别军,车骑远要其前,勿令遗脱。中人以为先出者得其径道,其练卒材士必出,其老弱独在。车骑深入长驱,敌人之军必莫敢至。慎勿与战,绝其粮道,围而守之,必久其日。无燔人积聚,无坏人宫室,冢树社丛勿伐,降者勿杀,得而勿戮,示之以仁义,施之以厚德。令其士民曰:'罪在一人。'如此,则天下和服。"

武王曰:"善哉!"

【注释】

①略:攻击,夺取。

②中外:此处指城中守军与城外援军。

③中人:指被围困在城中的军民。

④城人:指被围困在城中的敌人。

⑤别堡:依附于大城的小城。

【译文】

武王向太公问道:"我军与敌军作战取得胜利之后深入敌国,占领其土地,但还有大城没攻下,而敌人城外另有一支部队据守险要的位置与我军相峙。我军想攻取这座城池,又恐怕敌军城外部队突然向我军发起攻击,与城内的敌军里应外合,对我军形成两面夹击之势,以致我全军上下动乱,官兵恐惧慌张。遇到这种情况,应该怎么办?"

太公答道:"凡是攻城围邑之时,战车、骑兵一定要置于离城较远的地方,担任守卫和警戒,以隔断敌人内外联络。这样,城内敌人持久坚守必然粮食断绝,而外面的粮食又不能输入。如此,城内军民自然就会恐慌,守城的敌将必然投降。"

武王又问:"城内敌军粮草断绝,城外粮食又不能运输进来,这时敌人内外暗中联络,秘密谋划向外突围,乘着黑夜出城决一死战。敌人的车骑和精锐部队有的突击我军内部,有的进攻我军外面,使我军兵众恐惧惶惑,全军溃败混乱,应该怎么办?"

太公又回答道:"如果遇到这种情况,应把我军分成三部分,依据地形情况妥当部署。了解敌人城外部队所在的具体位置以及附近的大城小城的状况,然后故意给城中被围敌军留出一条道路,以引诱城内敌军外逃。我军当严密戒备,不要让敌人跑掉。先逃出的敌人惊恐慌乱,突围之时不是逃入山林,就是撤往另一城邑。这时我军的车兵和骑兵在远处阻击敌人突围的先头部队,不要让他们漏网逃脱。在这种形势下,守城敌军就会误以为其先头部队已突围成功,打通了撤退的通道,城内的精锐士卒也必定倾巢而出,只留下一些老弱士卒守在城内。然后用我军的战车和骑兵，深入长驱，攻击敌军。如此，敌人守城部队必不敢继续突围。这时我军要格外谨慎，不要轻易与敌人作战，只要断绝其运输粮食的通道，围困城邑，日子一久，敌人自然投降。取得胜利，进入城邑之后，不要焚烧军民积聚的物资，不要毁坏城内民众的房屋，不要砍伐敌人祖先坟地周围的树木和庙祠周围的丛林，不要杀戮投降的敌军士卒，不要虐待被俘的敌人。借此向敌国民众展示我方仁义之道，施加恩惠，并向敌国军民宣布，所有的罪恶都是无道君主一人造成的。这样，天下就会心悦诚服地归顺我方了。"

武王说："您讲得真有道理！"

火战

武王问太公曰："引兵深入诸侯之地，遇深草蓊秽①，周吾军前后左右，三军行数百里，人马疲倦休止。敌人因天燥疾风之利，燔吾上风，车骑锐士坚伏吾后。吾三军恐怖，散乱而走，为之奈何？"

太公曰："若此者，则以云梯、飞楼远望左右，谨察前后。见火起，即燔吾前而广延之，又燔吾后。敌人若至，则引军而却，按黑地②而坚处。敌人之来，犹在吾后，见火起，必还走。吾按黑地而处，强弩材士卫吾左右，又燔吾前后。若此，则敌不能害我。"

武王曰："敌人燔吾左右，又燔吾前后，烟覆吾军，其大兵按黑地而起，为之奈何？"

太公曰："若此者，为四武冲阵，强弩翼吾左右，其法无胜亦无负。"

【注释】

①蓊秽(wěng huì)：草木茂盛的样子。蓊，茂盛的样子。秽，荒芜，杂草丛生。

②黑地:草地经大火焚烧过之后,呈现一片黑色的焦土,故称为黑地。

【译文】

武王向太公问道:"带领军队深入敌国境内,我军前后左右都被茂密的草丛树木围绕,我军已行军数百里,人马困乏疲惫,需要宿营休息。这时,敌人利用天气干燥、风声疾速的有利条件,在我军上风口的地方放火,又使其车骑锐士埋伏在我军的后面,造成我三军惶恐不安,散乱逃跑。遇到这种情况,应该怎么办?"

太公答道:"在这种情况下,应该在宿营地使用云梯和飞楼登高瞭望,仔细观察四周的情况。发现远处敌人烧起大火,我军也立即在军前较远的开阔地上放火,让火蔓延开来,同时放火焚烧我军下风口后方,以便烧出一块黑地。若是敌人前来进攻,我方就把军队撤退到焚烧后的黑地上坚守。前来进攻的敌人在后面袭击我军,看到火起,必定退走。我军在黑地上整理队伍,布列战阵,以精锐勇猛的战士手持强弩掩护左右两翼,并继续放火烧掉我军前后的草地。这样,敌人就不能进攻我军了。"

武王又问:"敌人既在我军左右放火,又在我军前后放火,浓烈的烟雾覆盖了我军,而敌人的主力部队突然向我军据守的黑地发起进攻,应该怎么办?"

太公又回答道:"遇上这种情况,应当把我军摆成战车捍卫四侧的战斗队形,同时用强弩掩护左右两翼。这种办法不一定能够取胜,但也不会导致失败。"

垒虚

武王问太公道:"何以知敌垒之虚实,自来自去^①?"

太公曰:"将必上知天道,下知地理,中知人事。登高下望,以观敌之变动。望其垒,即知其虚实;望其士卒,则知其去来。"

武王曰:"何以知之?"

太公曰:"听其鼓无音,铎无声,望其垒上多飞鸟而不惊,上无氛气^②,必知敌诈而为偶^③人也。敌人卒去不远,未定而复返者,彼用其士卒太疾也。太疾则前后不相次,不相次则行阵必乱。如此者,急出兵击之,以少击众,则必胜矣。"

【注释】

①自来自去:此处指敌军的进攻和撤退。

②氛气:既指因人马行动造成的尘烟,也指所谓集聚在军队驻地上空可以据以判断军情的"气"。

③偶:指用树木或稻草制成的假人。

【译文】

武王向太公问道:"怎样才能知道敌人营垒的虚实情况和敌军是进攻还是撤退的打算呢?"

太公回答道:"身为主将,必须上知天时运行的规律,下知地势险易的情况,中知人心向背的道理。居高临下,以观察敌军的一举一动;从远处眺望敌人的营垒,就可知道敌军兵力的虚实;观察敌军士兵的神情状态,就可知道敌军调动的情况。"

武王又问:"怎样才能知道这些事情呢?"

太公又回答道:"听敌军营垒中没传来鼓声和铎声,远望敌军营垒上有许多飞鸟上下从容飞翔却毫不惊慌,空中也没有飞扬的尘土和军队屯聚时应有的云气,就可知道这必定是座空营,敌人不过是用一些树木或稻草制成的假人来欺骗我们。敌人仓促撤退不远,尚未安顿下来又急忙返回的,可以判定敌军主将是在极其匆忙的情况下命令士兵行动的。军事行动过于匆忙,敌军前后就没有秩序。没有秩序,敌军行列阵势就混乱不堪。在这种情况下,我军可急速出兵攻打它,以较少兵力攻击众多兵力,一定会取得胜利。"

卷五　豹韬

林战

武王问太公曰："引兵深入诸侯之地,遇大林,与敌分林相拒,吾欲以守则固,以战则胜,为之奈何?"

太公曰："使吾三军分为冲阵①,便兵所处,弓弩为表,戟盾为里,斩除草木,极广吾道,以便战所。高置旌旗,谨敕三军,无使敌人知吾之情,是谓林战。林战之法,率吾矛戟,相与为伍。林间木疏,以骑为辅,战车居前,见便则战,不见便则止。林多险阻,必置冲阵,以备前后。三军疾战,敌人虽众,其将可走。更战更息,各按其部。是谓林战之纪。"

【注释】

①冲阵:指四武冲阵。

【译文】

武王向太公问道:"带领军队深入敌国境内,遇到森林地,与敌人在森林各占据一部分地带开展战斗。我军要做到防御就能稳固,进攻就能取胜,应该怎么办?"

太公答道:"在这种情况下,将我军摆成若干个战车捍卫四侧的战斗队形,把士兵安排在便于作战的地方,弓弩布设在外层,戟盾布设在里层,斩除周围的杂草乱木,尽可能开阔道路,以便于我军战斗行动。高挂旗帜,严格训诫全军,务必不要让敌人知晓我军情况,这就是所谓的在丛林中作战。在丛林中作战的方法是:将我军使用矛戟等不同兵器的士兵,混合编组为战斗分队。在森林中树木稀疏的地方,就以骑兵辅助作战,把战车配置在前面,发现情况有利时就战斗,不利时就停止。在森林中险阻的地段,就必须将我军摆成若干个武冲大扶胥战车捍卫四侧的战斗队形,以防备敌人攻击我军前后。这样,全军上下勇猛地进行战斗,敌人即使兵力众多,也会被我军击败逃遁。我军在战斗过程中要轮流作战,轮流休息,各部均按编组行动。以上所说,就是在丛林中作战的一般原则。"

突战

武王问太公曰:"敌人深入长驱,侵掠我地,驱我牛马,其三军大至,薄我城下。吾士卒大恐,人民系累①,为敌所虏。吾欲以守则固,以战则胜,为之奈何?"

太公曰:"如此者,谓之突兵。其牛马必不得食,士卒绝粮,暴击而前。令我远邑别军,选其锐士,疾击其后,审其期日,必会于晦②,三军疾战,敌人虽众,其将可虏。"

武王曰:"敌人分为三四,或战而侵掠我地,或止而收我牛马,其大军未尽至,而使寇薄我城下,致吾三军恐惧,为之奈何?"

太公曰:"谨候敌人未尽至,则设备而待之。去城四里而为垒,金鼓旌旗皆列而张,别队为伏兵。令我垒上多积强弩,百步一突门③,门有行马④,车骑居外,勇力锐士隐伏而处。敌人若至,使我轻卒合战而佯走,令我城上立旌旗,击鼙鼓,完为守备。敌人以我为守城,薄我城下。发吾伏兵,以冲其内,或击其外。三军疾战,或击其前,或击其后,勇者不得斗,轻者不及走,名曰突战。敌人虽众,其将必走。"

武王曰:"善哉!"

【注释】

①系累：拘禁、束缚。

②晦：古代历法把农历每月的最后一日（大月三十日，小月二十九日）定为晦日。晦日之夜，没有星光。此处意为没有月光的黑夜。

③突门：在城墙或垒壁上预先开设的便于部队秘密进出的暗门。

④行马：拦阻人马通行的木架。

【译文】

武王向太公问道："敌人向我境地进攻，长驱直入，侵掠我方土地，抢夺我方牛马。他们的大军来势汹汹，迫近我城下。我军士卒大为恐惧，民众被擒拿成为俘虏。在这种情况下，我军要做到防御就能稳固，进攻就能取胜，应该怎么办？"

太公回答道："像这样的敌军，叫作突袭性的敌军。他们不可能携带许多粮草，战争持续较久，他们的牛马必定缺乏饲料，士卒也会断食，因而迫使敌人只能凶猛地进攻我军。在这种情况下，应命令我军驻扎在远方城邑的其他部队，挑选精锐士兵组成战队，迅速袭击敌人的后方，详细计算并确定进攻时间，务必使其在夜暗时与我军会合，全军迅速猛烈地同敌战斗。这样，敌人虽然兵力众多，敌军主将也可被我军俘获。"

武王问："如果敌军分为三四部分，以一部分兵力向我发动进攻以侵占我方地盘，以一部分兵力驻扎以掠夺我牛马财物，敌军主力部队尚未完全到达，而一部分兵力已经逼近我方城下，以致我军恐惧不安，应该怎么办？"

太公回答道："应小心谨慎地监视敌军情况，在敌人主力部队尚未完全到达前，就完善守备，严阵以待。在离城四里的地方筑造营垒，准备好金鼓和旌旗，并另派一支部队为伏兵。命令守垒的部队多积累强弩，每百步设置一个可供部队出击的暗门，暗门前安放行马等障碍物，战车、骑兵配置在营垒外面，勇猛的士兵都埋伏起来。敌人一旦到来，先派我方轻装部队与敌军交战，旋即佯装兵败逃走，并令我守军在城上竖立旗帜，敲击鼙鼓，做好全面的防守准备。敌人认为我军主力在防守城邑，因而必然逼近我方城下。这时我方命令伏兵突入敌军阵内,或攻击敌人阵外。同时再令我方营垒中的部队和城中的部队一起迅猛出击,既攻击敌人先锋部队,又攻击敌人后方部队,使敌军中勇猛的士兵无法格斗,行动敏捷的士兵来不及逃跑。这种战法,就叫作突战。敌人虽然兵力众多,其主将却一定会战败而逃走。"

武王说:"您讲得真有道理!"

敌强

武王问太公曰:"引兵深入诸侯之地,与敌人冲军①相当,敌众我寡,敌强我弱。敌人夜来,或攻吾左,或攻吾右,三军震动。吾欲以战则胜,以守则固。为之奈何?"

太公曰:"如此者,谓之震寇②。利以出战,不可以守。选吾材士强弩,车骑为左右,疾击其前,急攻其后,或击其表,或击其里,其卒必乱,其将必骇。"

武王曰:"敌人远遮我前,急攻我后,断我锐兵,绝我材士,吾内外不得相闻,三军扰乱,皆散而走,士卒无斗志,将吏无守心,为之奈何?"

太公曰:"明哉! 王之问也。当明号审令,出我勇锐冒将之士,人操炬火③,二人同鼓,必知敌人所在,或击其表,或击其里。微号④相知,令之灭火,鼓音皆止,中外相应,期约皆当,三军疾战,敌必败亡。"

武王曰:"善哉!"

【注释】

①冲军:担任突击、进攻任务的冲锋部队。

②震寇:突然使我军感到震恐的敌军。意为在夜间对我实施强袭的

故军。

　　③炬火:指火炬。

　　④微号:指暗号。

【译文】

　　武王向太公问道:"带领军队深入敌国境内,与敌军的冲锋部队正面交锋,敌众我寡,敌强我弱,而敌人又是深夜袭击我军,有的攻击我军左翼,有的攻击我军右翼,使我军震恐。我军要做到进攻就能取胜,防御就能稳固,应该怎么办?"

　　太公回答道:"像这种突然袭击,使我军震恐的敌人,可以称之为震寇。对付这样的敌人,我军应该选择出战,而不应当防守。应该挑选精锐勇猛的战士手持强弩,左右两翼以战车和骑兵作为护卫,迅猛地攻击敌人正面,急速地攻击敌人后面,有的攻击敌军的外层,有的攻击敌人的里层。这样,敌人士兵混乱不堪,敌军的主将必然恐惧不安。"

　　武王问:"敌人如果在远处阻截我军的前方,迅猛攻击我军的后方,截断我军各支精锐部队的联系,阻击我军增援的士兵,迫使我军内外失去联系,以致全军混乱,兵败逃走,士卒没有斗志,主将和各级军官没有坚守的信心,应该怎么办?"

　　太公回答道:"我王的问题真是英明啊!在这种情况下,应该清楚地发布号令,出动我军勇猛精锐敢于冒险的士兵,使每个人手持火炬,两人擂击一个鼓,必须探知敌人的准确位置,然后发起攻击,或攻击敌人的外部,或冲击敌人的内部。攻击时,部队都要事先约定互相能够识别的暗号。密令下达后,全军一起熄灭火炬,停止击鼓。这时,我军内外相应,各部按事先约定的计划行动,迅猛出击敌军,敌人一定会失败灭亡。"

　　武王说:"您讲得真有道理!"

敌武

武王问太公曰:"引兵深入诸侯之地,卒遇敌人,甚众且武。武车骁骑,绕我左右,吾三军皆震,走不可止,为之奈何?"

太公曰:"如此者,谓之败兵①。善者以胜,不善者以亡。"

武王曰:"用之奈何?"

太公曰:"伏我材士强弩,武车骁骑,为之左右,常去前后三里。敌人逐我,发我车骑,冲其左右。如此,则敌人扰乱,吾走者自止。"

武王曰:"敌人与我车骑相当,敌众我少,敌强我弱,其来整治精锐,吾阵不敢当②,为之奈何?"

太公曰:"选我材士强弩,伏于左右,车骑坚阵而处,敌人过我伏兵,积弩③射其左右,车骑锐兵疾击其军,或击其前,或击其后。敌人虽众,其将必走。"

武王曰:"善哉!"

【注释】

①败兵:处于困境、即将溃败的军队。

②不敢当:所向无敌,难以抵挡。

③积弩:即连弩,一种把若干张弩并排成一组,用机栝控制,可以连续发箭的装置。

【译文】

武王向太公问道:"带领军队深入敌国境内,突然与敌人遭遇,敌军兵力众多而且英武神勇,并以战车和骁勇的骑兵包围我军左右两翼。我军上下震恐,纷纷败逃,不可阻挡。在这种情况下,该怎么办呢?"

太公回答道:"处于这种境地的军队,只能称之为败兵了。善于用兵的,行动得当,还有希望取胜;不善于用兵的,行动失误,则必然败亡。"

武王问:"面对这种局面该怎么办呢?"

太公回答道:"应该派我军精锐勇猛的战士手持强弩埋伏起来,威力大的战车和骁勇的骑兵应配置在左右两翼进行护卫,伏击地点一般放在距离我军主力前后约三里的地方。敌人如果追击我军,就出动我军的战车和骑兵,攻击敌人的左右两侧,这样,敌军就会秩序混乱,我军士卒就不会逃跑了。"

武王问:"敌我双方的战车和骑兵对峙交战,敌众我寡,敌强我弱。敌人前来进攻,阵势整齐有序,士卒精锐有力。我军所列的阵势不足以与敌军对抗,应该怎么办?"

太公回答道:"在这种情况下,应选拔我军手持强弩的精锐战士,埋伏在左右两侧,并把战车和骑兵布成坚固的阵势进行防守。当敌人通过我军埋伏的地方时,就用密集的强弩射击他们的左右两翼,并令战车和骑兵以及勇锐士卒迅速地攻击敌军,有的攻击敌人的正面,有的攻击敌人的后面。这样,敌人虽然兵力众多,其主将也会因战败而逃走。"

武王说:"您讲得真有道理!"

乌云山兵

武王问太公曰:"引兵深入诸侯之地,遇高山磐石,其上亭亭,无有草木,四面受敌,吾三军恐惧,士卒迷惑。吾欲以守则固,以战则胜,为之奈何?"

太公曰:"凡三军处山之高,则为敌所栖①;处山之下,则为敌所囚②。既以被山而处,必为乌云之阵。乌云之阵,阴阳③皆备,或屯其阴,或屯其阳。处山之阳,备山之阴;处山之阴,备山之阳。处山之左,备山之右;处山之右,备山之左。其山敌所能陵者,兵备其表,衢道通谷④,绝以武车,高置旌旗,谨敕三军,无使敌人知吾之情,是谓山城。行列已定,士卒已阵,法令已行,奇正已设,各置冲阵于山之表,便兵所处,乃分车骑为鸟云之阵。三军疾战,敌人虽众,其将可擒。"

【注释】

①栖:禽鸟歇宿于树上。这里指为敌所逼而不能下来。

②囚:拘禁,囚禁,为敌所围困。

③阴阳:此指山南和山北。古代称山南为阳,山北为阴。

④衢道:四通八达的道路,此指分岔路口。通谷:往来无阻的山谷,此指谷口。

【译文】

武王向太公问道:"带领军队深入敌国境内,遇到高山巨石高耸在前,山上没有草丛和树木做掩护,处于四面受敌的境地。我军因而恐惧,士兵惑乱不清楚状况。我军要做到进行防守就能稳固,实施进攻就能取胜,应该怎么办?"

太公答道:"凡是把军队驻扎在山顶之上,就容易被敌人所隔绝孤立,就像鸟栖高树不能飞下一样,难脱困境;凡是把军队驻扎在山脚下,就容易被敌人所围困,就像犯人被拘禁于狱中一样,不得自由。既然是占据山地作战,就必须把部队布置成鸟云阵。所谓鸟云阵,就是要兼顾山的南北两面。军队有的驻守山的北面,有的驻守山的南面。驻扎在山的南面,同时要兼顾到山的北面;驻扎在山的北面,同时要兼顾到山的南面;驻扎在山的左面,同时要兼顾到山的右面;驻扎在山的右面,同时要兼顾到山的左面。山上凡是敌人所能攀登到达之处,都要派兵严加守备,交通要道和能通行的谷地,要用战车加以阻绝。高高竖立旗帜,以便联络;整饬三军,使战阵整齐有序,不要让敌人察知我军情况,这样整座山防守得像一座城堡一样,可以称之为山城。部队的行列整齐有序,士卒已经列阵,法令已经贯彻,奇正的计谋已经确定,各路部队都在山坡比较显眼的位置组成若干个武冲大扶胥战车捍卫四侧的战斗队形。此外,把一部分战车和骑兵布成鸟云之阵。这样,我全军猛烈地与敌军抗战。

卷五 豹韬

敌军兵力虽多,其主将也可被我军打败俘获。"

鸟云泽兵

武王问太公曰:"引兵深入诸侯之地,与敌人临水相拒,敌富而众,我贫而寡,逾水击之则不能前,欲久其日则粮食少。吾居斥卤之地①,四旁无邑,又无草木,三军无所掠取,牛马无所刍牧,为之奈何?"

太公曰:"三军无备,牛马无食,士卒无粮,如此者,索便诈敌而亟去之,设伏兵于后。"

武王曰:"敌不可得而诈,吾士卒迷惑,敌人越我前后,吾三军败乱而走,为之奈何?"

太公曰:"求途之道,金玉为主。必因敌使,精微为宝②。"

武王曰:"敌人知我伏兵,大军不肯济,别将分队以逾于水,吾三军大恐,为之奈何?"

太公曰:"如此者,分为冲阵,便兵所处,须其毕出,发我伏兵,疾击其后,强弩两旁,射其左右。车骑分为鸟云之阵,备其前后,三军疾战。敌人见我战合,其大军必济水而来,发我伏兵,疾击其后,车骑冲其左右。敌人虽众,其将可走。凡用兵之大要,当敌临战,必置冲阵,便兵所处,然后以车骑分为鸟云之阵,此用兵之奇也。所谓鸟云者,鸟散而云合,变化无穷者也。"

武王曰:"善哉!"

【注释】

①斥卤(lǔ)之地:盐碱地,此处指荒芜贫瘠的地方。
②精微为宝:指谋划或行动时,至关重要的是要做到精细秘密。

【译文】

武王向太公问道:"带领军队深入敌国境内,与敌军隔着大河对峙,敌人物资充足,兵力众多,我军物资贫乏,兵力寡少。我军想渡过河攻击敌军,却无力前进;想打持久战,又没有足够的粮食。而且我军处于荒芜贫瘠的地方,附近既没有城邑又没有草木,军队无法掠取物资,没有饲料牧养牛马。这种情况下,应该怎么办?"

太公答道:"军队没有必要的军事装备,牛马没有必需的饲料,士卒没有必需的粮食,在此情况下,应当寻找适合的时机,欺骗敌人,才能得以转移别处,并在大军之后设置伏兵,以阻击敌人的追击。"

武王问:"如果敌人不被我军欺骗,我军士卒迷惑恐惧,敌人进击我军前后,全军溃败逃走,应该怎么办?"

太公答道:"这时寻求安全出路的方法,关键是要使用金银珠宝。一定要通过敌军使者行贿,此事要做到精密细致,不能泄露出去。"

武王问:"敌人知道我方设有伏兵,主力部队不肯渡河,只是派一支小部队渡河向我军进攻,导致我军恐慌,应该怎么办?"

太公答道:"在这种情况下,应将我军分为若干个武冲大扶胥战车捍卫四方的战斗队形,选择在便于作战的地点。等到敌军的小分队全部渡河进攻我军后,我方发动伏兵,猛烈攻击敌人的后面,强弩从两旁射击敌人左右。同时把我军战车和骑兵布列为鸟云之阵,戒备前后,全军猛烈进攻敌军。敌人发现我军与他们的过河部队交战,其主力部队必会渡河前来。这时我方就发动伏兵,猛烈攻击敌军侧后,并用战车和骑兵冲杀敌军左右两翼,这样,敌军虽然兵力众多,其主将也会兵败逃走。用兵作战的要领是,当与敌军对阵交战时,必须把军队布列为若干个武冲大扶胥战车捍卫四方的战斗队形,选择在便于作战的地点,然后再把战车和骑兵布成鸟云之阵,这就是出奇制胜的方法。所谓鸟云阵,就是把战阵布列得像众鸟飞散、流云会合那样,灵活机动,变化无穷。"

武王说:"您讲得真有道理!"

少众

武王问太公曰:"吾欲以少击众,以弱胜强,为之奈何?"

太公曰:"以少击众者,必以日之暮,伏于深草,要之隘路;以弱击强者,必得大国而与,邻国之助。"

武王曰:"我无深草,又无隘路。敌人已至,不适日暮。我无大国之与,又无邻国之助,为之奈何?"

太公曰:"妄张诈诱,以荧惑其将;迂其道,令过深草;远其路,令会日暮。前行未渡水,后行未及舍,发我伏兵,疾击其左右,车骑扰乱其前后。敌人虽众,其将可走。事大国之君,下邻国之士,厚其币①,卑其辞。如此则得大国之与,邻国之助矣!"

武王曰:"善哉!"

【注释】

①币:本指缯帛,是古代常用作祭祀或馈赠的礼品,后又用以泛指各种财物。

【译文】

武王向太公问道:"我要以少量兵力攻击众多兵力,以弱小之军攻击强大之师,应该怎么办呢?"

太公答道:"要以少量兵力攻击众多兵力,必须趁黄昏天黑,把军队埋伏在深草丛生的地带,在险隘的道路上截击敌人。要以弱小之军攻击强大之师,必须得到大国的协助、邻国的支持。"

武王问:"如果我方没有深草地带可供设伏,又没有险隘道路可供埋伏,敌人大军到达时又不在日暮时分;我方没有大国或邻国的支持,又该怎么办呢?"

太公答道:"应用虚张声势、引诱诈骗手段迷惑敌将,诱使敌人迂回前进,使其必定经过深草丛生的地带;引诱敌人绕道远走,延误时间,使敌军与我军交战正好在黄昏天黑之时。趁敌人先锋部队尚未全部渡水,后续部队来不及驻扎时,我军发动伏击部队,迅速猛烈地攻击敌人的左右两翼,并令我军战车和骑兵扰乱敌军前后。这样,敌人虽然兵力众多,其主将也会溃败逃走。恭敬侍奉大国的君主,对邻国的贤士以礼相待,送给他们钱财,言辞谦逊,这样就能够得到大国或邻国的援助了。"

武王说:"你讲得真有道理!"

分险

武王问太公曰:"引兵深入诸侯之地,与敌人相遇于险厄①之中。吾左山而右水,敌右山而左水,与我分险相拒。各欲以守则固,以战则胜,为之奈何?"

太公曰:"处山之左,急备山之右;处山之右,急备山之左。险有大水,无舟楫者,以天潢济吾三军;已济者,亟广吾道,以便战所。以武冲为前后,列其强弩,令行阵皆固。衢道谷口,以武冲绝之。高置旌旗,是谓车城②。凡险战之法,以武冲为前,大橹为卫,材士强弩翼吾左右。三千人为屯,必置冲阵,便兵所处。左军以左,右军以右,中军以中,并攻而前。已战者还归屯所,更战更息,必胜乃已。"

武王曰:"善哉!"

【注释】

①厄(è):通"扼",险隘,险要。

②车城:通过连接战车而构筑起来像城一样的营寨。

【译文】

武王向太公问道:"带领军队深入敌国境内,同敌人在险阻狭隘的地方对峙交战。我军所处的地形是左依山右靠水，敌军所处的地形是右依山左靠水，双方占据的地形都很险要。在此情况下，我军要做到进行防守就能稳固，进行进攻就能胜利，应该怎么办?"

太公答道:"当我军占领山的左侧时，同时要戒备山的右侧;占领了山的右侧时，同时要戒备山的左侧。大江大河这些险要地区，没有船只这些渡水工具，就应用天潢等浮渡器材渡我军过河。已经渡过江河的先锋部队，要迅速开辟前进道路，抢先占据有利地形，以便主力跟进。要用武冲大扶胥战车配置在我军的前后，强弩要排列开来，以使我军行阵稳固。在交通要道和通往山谷的道路，要用武冲大扶胥战车加以阻绝，并高高竖立战旗，这样用战车连接起来的防御阵势就像城邑一样稳固，可以称之为车城。大凡在险要地带作战的要领是，把武冲大扶胥战车配置在阵前冲击，以武翼大橹矛戟扶胥战车作为后卫，用手持强弩的精锐战士护卫我军左右两翼。每三千人编为一屯，组成武冲大扶胥战车捍卫四侧的战斗队形，选择便于作战的地点。双方交战时，左军用于左翼，右军用于右翼，中军用于中央，三军一齐发起攻击，向前推进。已经与敌军交战的部队回到原屯驻之处休整，未战的依次投入战斗，轮流作战，轮流休息，直到取得胜利为止。"

武王说:"您讲得真有道理!"

六韬　鬼谷子

卷六 犬韬

分合

武王问太公曰："王者帅师，三军分为数处，将欲期会合战①，约誓②赏罚，为之奈何？"

太公曰："凡用兵之法，三军之众，必有分合之变。其大将先定战地、战日，然后移檄书与诸将吏，期攻城围邑，各会其所，明告战日，漏刻有时③。大将设营布阵，立表辕门④，清道而待。诸将吏至者，校其先后，先期至者赏，后期至者斩。如此则远近奔集，三军俱至，并力合战。"

【注释】

①期会合战：约定好军队集合的时间和地点。期，商定，约定。

②约誓：作战前夕集合军队进行誓师，宣布作战目的、原因，申明军纪，告诫将士。

③漏刻有时：意谓规定军队到达的时间。漏刻，古代计时用的装置。

④立表：古代立木为表，在阳光下竖立木桩，观察它的影子以计算时间。表，标杆。白天标杆影子的正斜长短随着太阳位置的不同而改变。辕门：军营的正门。古时军队驻扎时，四周以车辆为垣，在营门处用两车仰置，车辕相向以表示门，故称之。

【译文】

武王向太公问道："君王带领军队出征，全军分别驻扎在几个地方，主将要按期集结军队同敌人交战,并号令全军官兵,明定赏罚制度,应该怎么办?"

太公答道:"一般用兵的方法,由于三军人数众多,作战部署上必然有兵力分散和兵力集中的变化。主将如果要会合各路部队参与作战,要首先确定作战的地点和日期,然后将战斗文书下达给诸部将官,通知他们要攻打和包围的城邑、各军集结的地点,作战的日期及各部队到达的时间。然后,主将提前在集结地点设置营垒,布置战阵,在营门处竖立标杆以观测日影,测定时间。禁止行人通行,等待各路部队前来报到。各部部队到达时,要核实其到达的先后次序,按规定时间到达的给予奖励,延期到达的杀头示众。这样,不论部队远近,都会按期赶至集结地域。三军全部到达后,就能齐心协力与敌交战了。"

武锋

武王问太公曰:"凡用兵之要,必有武车、骁骑、驰阵选锋[①],见可则击之。如何可击?"

太公曰:"夫欲击者,当审察敌人十四变[②]。变见则击之,敌人必败。"

武王曰:"十四变可得闻乎?"

太公曰:"敌人新集,可击;人马未食,可击;天时不顺,可击;地形未得,可击;奔走,可击;不戒,可击;疲劳,可击;将离士卒,可击;涉长路,可击;济水,可击;不暇,可击;阻难狭路,可击;乱行,可击;心怖,可击。"

【注释】

①驰阵选锋:指用于向敌阵驰骋冲锋的精锐士兵。驰阵,指敢于领头冲锋陷阵的勇士。选锋,古代指挑选精锐的士兵组成的突击队、敢

死队。

②变：变故，事变。此处指对敌军不利的情况。

【译文】

武王向太公问道："用兵作战的要领，就是必须有大型的战车、骁勇善战的骑兵和能够冲锋陷阵的突击部队，发现有利战机就发起攻击。那么，究竟在什么情况下才可以发起攻击呢？"

太公答道："要攻击敌人，应当对不利于敌人的十四种情况做到心中有数。看见敌人出现这些情况，就可以发起攻击，敌人必定会被打败。"

武王再问："你可以把这十四种对敌不利的情况跟我说说吗？"

太公再答道："这十四种对敌不利的情况具体是：敌人刚集军而根基未稳时，可以发起攻击；敌军和牛马尚未进食时，可以发起攻击；气候变化对敌人不利时，可以发起攻击；地形复杂对敌人不利时，可以发起攻击；敌人仓促行军时，可以发起攻击；敌人戒备松弛时，可以发起攻击；敌人疲劳乏力时，可以发起攻击；敌人主将和士卒不一心时，可以发起攻击；敌人长途远征时，可以发起攻击；敌人渡河时，可以发起攻击；敌人慌乱无序时，可以发起攻击；敌人处于险要狭隘的道路时，可以发起攻击；敌人行列散乱无序时，可以发起攻击；敌人恐惧不安时，可以发起攻击。"

练士

武王问太公曰："练士之道奈何？"

太公曰："军中有大勇、敢死、乐伤者，聚为一卒，名为冒刃①之士；有锐气、壮勇、强暴者，聚为一卒，名曰陷阵之士；有奇表长剑、接武齐列者，聚为一卒，名曰勇锐之士；有拔距伸钩、强梁②多力、溃破金鼓、绝灭旌旗者，聚为一卒，名曰勇力之士；有逾高绝远、轻足善走者，聚为一卒，名曰冠兵之士③；有王臣失势，欲复见功者，聚为一卒,名曰死斗之士;有死将之人子弟,欲为其将报仇者,聚为一卒,名曰死愤之士;有贫穷忿怒、欲快其志者,聚为一卒,名曰必死之士;有赘婿人虏,欲掩迹扬名者,聚为一卒,名曰励钝之士;有胥靡④免罪之人,欲逃其耻者,聚为一卒,名曰幸用⑤之士;有材技兼人⑥,能负重致远者,聚为一卒,名曰待命之士。此军之练士,不可不察也。"

【注释】

①冒刃:迎着刀锋,形容敢于冒险。刃,刀口、刀锋,借指危险。

②强梁:强横、强暴。

③寇兵之士:指最早投入战斗的士卒。冠兵,刘寅作"寇兵",注曰:"寇,暴,疾也。"

④胥靡:服役囚犯。

⑤幸用:僭越本分,侥幸得用。

⑥兼人:胜过他人。

【译文】

武王向太公问道:"选拔优秀士卒的方法具体有哪些?"

太公答道:"把军队中勇猛有力、视死如归、不怕负伤的人,编为一队,称为勇于冒险的士卒;把精锐气盛、身壮胆勇、强横凶暴的人,编为一队,称为冲锋陷阵的士卒;把外貌奇异、善用长剑、步履稳健、听从军令的,编为一队,称为勇敢精锐的士卒;把能拉直弯钩,强壮有力,捣毁敌军金鼓、撕裂敌军旗帜的人,编为一队,称为勇猛多力的士卒;把能够攀高行远、身手敏捷、善于行走的人,编为一队,称为最早投入战斗的士卒;把曾经是贵族大臣已经失势而想建功立业的人,编为一队,称为拼死战斗的士卒;把阵亡将帅的后代,急于为父兄报仇的人,编为一队,称为不怕死的士卒;把因自己贫穷而愤怒不满,要求立功受赏而实现抱负,以求扬眉吐气的人,编为一队,称为一心赴死的士卒;把羞于倒插门和当过俘虏,一心想扬名遮丑的人,编为一队,称为以受挫来激励自己的士卒;把曾是刑徒,服过劳役,后又释放,想洗刷耻辱的人,编为一队,称为侥幸得到任用的士卒;把才技胜人,能够负重远征的人,编为一队,称为等待命令的士卒。以上所说,就是军中选拔士卒的方法,当主将的一定要慎重考察。"

教战

武王问太公曰:"合三军之众,欲令士卒服习教战①之道,奈何?"

太公曰:"凡领三军,必有金鼓之节②,所以整齐士众者也。将必先明告吏士,申之以三令,以教操兵起居,旌旗指麾之变法。故教吏士,使一人学战,教成,合之十人;十人学战,教成,合之百人;百人学战,教成,合之千人;千人学战,教成,合之万人;万人学战,教成,合之三军之众;大战之法,教成,合之百万之众。故能成其大兵,立威于天下。"

武王曰:"善哉!"

【注释】

①教战:指对士兵进行军事训练。

②节:控制,指挥。

【译文】

武王向太公问道:"集合全军,要训练士卒们娴熟地掌握战斗技能,应该怎样做?"

太公答道:"凡是统率三军,必须用金鼓作为号令来指挥全军,这是为了使军队的行动整齐划一。主将必须首先明确告诉官兵军中规则,并且要反复申明法令,然后再训练他们操作兵器,熟悉战斗动作,辨识各种旗帜所代表的指挥信号。所以，训练军队时，要先进行单人训练，单人训练好了，再十人合练；十人在一起互助训练，完毕之后，再百人合练；百人在一起互助训练，完毕之后，再千人合练；千人在一起互助训练，完毕之后，再万人合练；万人在一起互助训练，完毕之后，再全军合练；全军在一起集中训练，完毕之后，再进行百万大军的大合练。这样，就能组成强大无比的军队，扬威于天下。"

武王说："您讲得真有道理！"

均兵①

武王问太公曰："以车与步卒战，一车当几步卒？几步卒当一车？以骑与步卒战，一骑当几步卒？几步卒当一骑？以车与骑战，一车当几骑？几骑当一车？"

太公曰："车者，军之羽翼也，所以陷坚阵，要②强敌，遮走北也；骑者，军之伺候③也，所以踵败军，绝粮道，击便寇也。故车骑不敌战，则一骑不能当步卒一人。三军之众成阵而相当，则易战之法，一车当步卒八十人，八十人当一车。一骑当步卒八人，八人当一骑。一车当十骑，十骑当一车。险战之法，一车当步卒四十人，四十人当一车。一骑当步卒四人，四人当一骑。一车当六骑，六骑当一车。夫车骑者，军之武兵④也。十乘败千人，百乘败万人。十骑走百人，百骑走千人，此其大数也。"

武王曰："车骑之吏数、阵法奈何？"

太公曰："置车之吏数，五车一长，十车一吏，五十车一率，百车一将。易战之法，五车为列，相去四十步，左右十步，队间六十步。险战之法，车必循道，十车为聚⑤，二十车为屯，前后相去二十步，左右六步，队间三十六步。五车一长，纵横相去二里，各返故道。置骑之吏数，五骑一长，十骑一吏，百骑一率，二百骑一将。易战之法,五骑为列,前后相去二十步,左右四步,队间五十步。险战之法,前后相去十步,左右二步,队间二十五步。三十骑为一屯,六十骑为一辈⑥,十骑一吏,纵横相去百步,周环各复故处。"

武王曰:"善哉!"

【注释】

①均兵:本篇论及战车、骑兵、步兵三军种合理使用时的力量均衡关系,故名。

②要:通"邀",邀击,截击。

③军之伺候:意为骑兵如同侦察人员一样,是用来窥探敌人情况的。

④武兵:最具战斗力的兵种。

⑤聚:与下文的"屯",都是车兵的一种战斗编组单位。

⑥辈:骑兵的一种战斗编组单位。

【译文】

武王向太公问道:"用战车同步兵作战,一辆战车能抵得上几名步兵?几名步兵能抵得上一辆战车?用骑兵同步兵作战,一名骑兵能抵得上几名步兵?几名步兵能抵得上一名骑兵?用战车同骑兵作战,一辆战车能抵得上几名骑兵?几名骑兵能抵得上一辆战车?"

太公回答道:"鸟没有了翅膀就不能飞,战车就像是军队的翅膀,具有强大的战斗力,是用来攻坚陷阵、截击强敌、断敌退路的;骑兵就像军队的眼睛,可以用来侦察敌方军情,追击溃逃之敌、切断敌人粮道和袭击散乱流窜的敌人。因此,战车和骑兵的编制配合若不合理,那么战斗时一名骑兵还抵不上一名步兵。全军将士排列好战阵,各兵种配合得当,那么在平坦地区作战的法则是:一辆战车的战斗力抵得上步兵八十人,八十名步兵抵得上一辆战车。一名骑兵的战斗力抵得上步兵八人,八名步兵抵得上一名骑兵。一辆战车的战斗力抵得上骑兵十人,十名骑兵抵得上一辆战车。在险阻地区作战的法则是:一辆战车的战斗力抵得上步兵四十人,四十名步兵抵得上一辆战车。一名骑兵的战斗力抵得上步兵四人,四名步兵抵得上骑兵一人。一辆战车的战斗力抵得上骑兵六人,六名骑兵抵得上战车一辆。战车和骑兵,是军队中最具威力的战斗力量,十辆战车可以击败千人兵力,百辆战车可以击败万人兵力。十名骑兵可以击败百人兵力,百名骑兵可以击败千人兵力,以上这些都是估计出来的数字。"

武王再问:"战车和骑兵的军官数量配置和作战方法又是怎样呢?"

太公再答道:"战车应配备的军官数量是:五辆战车要配备一长,十辆战车要配备一吏,五十辆战车要配备一率,百辆战车要配备一将。在平坦地区作战的方法是:五辆战车组合成一列,每列前后距离是四十步,每辆左右距离为十步,每队间的前后距离和左右距离各六十步。在险阻地区作战的方法是:战车必须沿着道路前进,十辆战车组成一聚,二十辆战车组成一屯。车与车前后相距二十步,左右相距六步。队间的前后距离和左右距各三十六步,五辆战车要配备一长,活动范围前后左右各二里,战车不再用时仍由原路返回。骑兵应配备的军官数量是:五名骑兵要配备一长,十名骑兵要配备一吏,百名骑兵要配备一率,二百名骑兵要配备一将。在平坦地区作战的方法是:五骑组成一列,每列前后距离二十步,每骑左右距离四步,队与队之间的前后距离和左右距离各五十步。在险阻地区作战的方法是:每列前后相距十步,左右相距二步,队间距离和左右距离各二十五步。三十名骑兵组成一屯,六十名骑兵组成一辈,每十名骑兵要配备一吏,活动范围前后左右各百步,战斗结束后各自返回原来的位置,恢复队形。"

武王说:"您讲得真有道理!"

武车士

武王问太公曰:"选车士①奈何?"

太公曰:"选车士之法,取年四十以下,长七尺五寸以上;走能逐奔马,及驰②而乘之;前后、左右、上下周旋;能束缚旌旗;力能彀八石弩,射前后左右皆便习者,名曰武车之士,不可不厚也。"

【注释】

①车士:乘车作战的武士。

②及驰:谓能追上飞奔的战车。

【译文】

武王向太公问道:"选拔乘战车作战的武士的标准是什么?"

太公答道:"选拔乘战车作战武士的标准是:选取年龄在四十岁以下、身高七尺五寸以上,跑起来能追得上飞奔的马,能边跑边跳上战车,并能在战车上前后、左右、上下自如应战,能执掌旌旗,并能拉满张力为八石的强弩,熟练地向左右、前后射箭的人。这种人称为武车士,一定要优厚地待他们。"

武骑士

武王问太公曰:"选骑士①奈何?"

太公曰:"选骑士之法,取年四十以下,长七尺五寸以上;壮健捷疾,超绝伦等②;能驰骑彀射,前后、左右、周旋进退;越沟堑,登丘陵,冒险阻,绝大泽,驰强敌,乱大众者,名曰武骑之士,不可不厚也。"

【注释】

①骑士:骑马作战的武士。

②超绝伦等:身怀特异才能,本领远远超过一般人。

【译文】

武王向太公问道:"选拔骑士的标准是什么?"

太公答道:"选拔骑士的标准是:选取年龄在四十岁以下,身高在七尺五寸以上;健壮敏捷,能力超过常人;能骑马疾驰并在马上挽弓射箭,在马上可以前后、左右应战自如,进退娴熟;能骑马越过沟堑,攀登丘陵,冲过险阻,横渡大水,追逐强敌,扰乱强敌的人。这种人称为武骑士,一定要优厚地待他们。"

战车

武王问太公曰:"战车奈何?"

太公曰:"步贵知变动,车贵知地形,骑贵知别径奇道^①,三军同名而异用也,凡车之死地有十,其胜地有八。"

武王曰:"十死之地奈何?"

太公曰:"往而无以还者,车之死地也;越绝险阻,乘敌远行者,车之竭地也;前易后险者,车之困地也;陷之险阻而难出者,车之绝地也;圮下渐泽、黑土黏埴者,车之劳地也;左险右易,上陵仰阪^②者,车之逆地也;殷草横亩,犯历^③深泽者,车之拂地也;车少地易,与步不敌者,车之败地也;后有沟渎^④,左有深水,右有峻阪者,车之坏地也;日夜霖雨,旬日不止,道路溃陷,前不能进,后不能解者,车之陷地也。此十者,车之死地也。故拙将之所以见擒,明将之所以能避也。"

武王曰:"八胜之地奈何?"

太公曰:"敌之前后行阵未定,即陷之;旌旗扰乱,人马数动,即陷之;士卒或前或后,或左或右,即陷之;阵不坚固,士卒前后相顾,即陷之;前往而疑,后恐而怯,即陷之;三军卒惊,皆薄^⑤而起,即陷之;战于易地,暮不能解^⑥,即陷之;远行而暮舍,三军恐惧,即陷之。此八者,车之胜地也。将明于十害八胜,敌虽围周,千乘万骑,前驱旁驰,万战必胜。"

武王曰:"善哉!"

【注释】

①别径奇道：近路捷径。

②仰阪：迎着山坡。阪，山坡，斜坡。

③犯历：这里是进入、经过的意思。

④沟渎：沟渠。

⑤薄：逼迫，此处是急促的意思。

⑥解：两军分开，不再交战。

【译文】

武王向太公问道："使用战车进行作战应该怎么做？"

太公答道："使用步兵作战关键在掌握战场情况变化，使用战车作战关键在熟悉地形状况，使用骑兵作战关键在熟知近路快捷方式。战车、步兵、骑兵都是军队的重要组成部分，只是用法有所不同。使用战车作战有十种处于死地的情况，也有八种有利的情况。"

武王问："十种死地是哪些？"

太公答道："十种死地是：可以前进而不能退回的，就是战车陷入绝境的地方；逾越险阻、长途追逐敌人的，就是战车战斗力衰竭的地方；前面平坦易行，后面险阻难通的，就是战车陷入困境的地方；陷于险阻而难以出来的，就是战车难寻活路的地方；道路崩塌下陷，地势低洼潮湿，黑土黏泥地带，就是战车劳顿的地方；左面险阻右面平坦，还要向上爬坡的，就是不利于战车作战的地方；通过长满深草的区域，还要渡过深水的，就是战车前进苦难的地方；战车数量少，地形平坦，战车与步兵又配合不当的，就是战车易遭遇失败的地方；后面有沟渠，左面有深水，右面有高坡，就是战车易被毁坏的地方；昼夜大雨，连日不停，道路毁坏，前不能进，后不能退的，就是战车陷入泥泞的地方。这十种地形都是战车容易遭遇失败的死地。所以愚蠢的将领由于不了解这十种死地的危害必然失败被擒，聪明的将领由于能避开这十种死地必然取得胜利。"

武王问："八种有利的情况具体是哪些？"

太公答道："八种有利的情况是：敌人的前后行阵还没有稳定下来，

就用战车乘机攻破他们；敌人旌旗紊乱，人仰马翻，就用战车乘机攻破他们；敌人士卒行动不定，有的向前，有的退后，有的往左，有的往右，就用战车乘机攻破他们；敌人阵势不稳，士兵瞻前顾后，就用战车乘机攻破他们；敌人前进则心存迟疑，后退则心生恐惧，就用战车乘机攻破他们；敌人全军突然惊恐，散乱拥挤，就用战车乘机攻破他们；敌人在平坦地形上与我交战，至黄昏战斗还没结束，就用战车乘机攻破他们；敌人长途行军，夜晚才驻扎休息，三军恐惧不安，就用战车乘机攻破他们。这八种都是使用战车容易取得胜利的情况。统军主将知道了上述使用战车作战的十种死地和八种有利情况，即使敌人把我军四面包围，用千军万马正面进攻我军，而且两侧突击，我军也能逢战必胜。"

武王说："您讲得真有道理！"

战骑

武王问太公曰："战骑奈何？"

太公曰："骑有十胜九败。"

武王曰："十胜奈何？"

太公曰："敌人始至，行阵未定，前后不属，陷其前骑，击其左右，敌人必走；敌人行阵整齐坚固，士卒欲斗，吾骑翼①而勿去，或驰而往，或驰而来，其疾如风，其暴如雷，白昼而昏，数更旌旗，变易衣服，其军可克；敌人行阵不固，士卒不斗，薄其前后，猎其左右，翼而击之，敌人必惧；敌人暮欲归舍，三军恐骇，翼其两旁，疾击其后，薄其垒口，无使得入，敌人必败；敌人无险阻保固，深入长驱，绝其粮道，敌人必饥；地平而易，四面见敌，车骑陷之，敌人必乱；敌人奔走，士卒散乱，或翼其两旁，或掩其前后，其将可擒；敌人暮返，其兵甚众，其行阵必乱，令我骑十而为队，百而为屯，车五而为聚，十而为群，多设旌旗，杂以强弩，或击其两旁，或绝其前后，敌将可虏。

此骑之十胜也。"

武王曰："九败奈何？"

太公曰："凡以骑陷敌，而不能破阵，敌人佯走，以车骑反击我后，此骑之败地也；追北逾险，长驱不止，敌人伏我两旁，又绝我后，此骑之围地也；往而无以返，入而无以出，是谓陷于天井，顿于地穴，此骑之死地也；所从入者隘，所从出者远，彼弱可以击我强，彼寡可以击我众，此骑之没地也；大涧深谷，翳秽林木，此骑之竭地也；左右有水，前有大阜，后有高山，三军战于两水之间，敌居表里，此骑之难地也；敌人绝我粮道，往而无以返，此骑之困地也；汙下沮泽②，进退渐洳，此骑之患地也；左有深沟，右有坑阜③，高下如平地，进退诱敌，此骑之陷地也。此九者，骑之死地也。明将之所以远避，暗将之所以陷败也。"

【注释】

①翼：指从两侧包抄进攻。

②汙下沮泽：指低洼潮湿、水草很多的沼泽地。汙，通"洿"，积水。下，低下。沮泽，水草丛聚之地。

③坑阜：指地形凹凸不平。坑，凹陷地。阜，土山丘。

【译文】

武王向太公问道："使用骑兵作战应该是怎样的？"

太公答道："使用骑兵作战有十种容易胜利的情况和九种容易失败的情况。"

武王问："十种容易胜利的情况是哪些？"

太公答道："十种容易取得胜利的情况是：敌人前来作战，行列阵势还没有稳定下来，前后不相衔接，我军立即用骑兵击破敌军前方骑兵部队，然后夹击敌军两侧，敌人必然溃逃；敌人行列阵势整齐坚固，士兵斗志高昂，我军骑兵应控制敌人两翼不放，来回不断奔驰，迅速如风，猛烈如雷,从白天战至黄昏,不断更换旗帜,改变服装,使敌人惊恐疑惑,就能够打败敌人;敌人行阵不坚固,士卒没有斗志,就用骑兵进逼敌人的正面和后方,袭击其左右,夹击其两翼,敌人必然震恐;黄昏时敌人疲顿不堪,急欲回营休息,军心恐惧,就用骑兵攻击其两翼,急速袭击其后尾,追赶敌军到其营垒的出入口,阻止其进入营垒,敌人必然失败;敌人所据地形不险阻,我军骑兵应长驱深入,切断敌人运输粮食的通道,敌人必然会缺粮饥饿;敌人处于平坦地形,我军从四面攻击,同时使用骑兵和战车,敌人必然溃乱;敌人战败逃走,士卒散乱,我军骑兵或从两翼夹击,或从前后袭击,就可以擒获敌军主将;黄昏时敌人返回营垒,部队众多,队伍一定混乱,就令我军骑兵以十人编为一队,百人编为一屯,战车五辆编为一聚,十辆编为一群,多插旗帜,配备强弩,或扫击其两翼,或断绝其前后,就可以停虏敌军主将。上述这些,就是使用骑兵作战容易取得胜利的情况。"

武王问:"九种容易导致失败的情况是哪些?"

太公回答道:"九种容易导致失败的情况是:凡是用骑兵攻击敌人而不能攻破敌阵,敌人假装逃跑后,用战车和骑兵回击我军后方,这就是骑兵作战上的败地;追击败亡敌军,越过险阻,长驱深入而不停止,敌人埋伏在我军左右,又断绝我军的后路,这就是骑兵作战上的围地;战场上前进后不能退回,进入敌营后不能出来,这叫作陷入天井,困于地穴,这就是骑兵作战上的死地;进军的道路狭隘,退军的道路迂远,有利于敌人以弱击强,以少击多,这就是骑兵的没地;涧大谷深,草茂木盛,行军困难,这就是骑兵作战上的竭地;左右两边有水,前面有大山,后面有高岭,敌我在两水之间作战,敌人内守山险,外居水要,骑兵行动受阻,这就是骑兵作战上的艰地;敌人断我军后方运输粮食的通道,我军只能前进而没有退路,这就是骑兵作战上的困地;低洼泥泞,沼泽遍布,军队进退困难,这就是骑兵作战上的患地;左有深沟,右有坑坎,表面看似平地,实际高低不平,进退都会招致敌人袭击,这就是骑兵作战上的陷地。上述九种情况,都是使用骑兵作战的死地,英明的领兵主将知道要竭力避开这些地方,昏庸的主将不知道要避开就会导致兵败。"

战步

武王问太公曰:"步兵与车骑战,奈何?"

太公曰:"步兵与车骑战者,必依丘陵险阻,长兵①强弩居前,短兵②弱弩居后,更发更止。敌之车骑虽众而至,坚阵疾战,材士强弩,以备我后。"

武王曰:"吾无丘陵,又无险阻,敌人之至,既众且武,车骑翼我两旁,猎我前后,吾三军恐怖,乱败而走,为之奈何?"

太公曰:"令我士卒为行马、蒺藜,置牛马队伍,为四武冲阵。望敌车骑将来,均置蒺藜,掘地匝后,广深五尺,名曰命笼。人操行马进退,阑车以为垒,推而前后,立而为屯,材士强弩,备我左右。然后令我三军皆疾战而不解③。"

武王曰:"善哉!"

【注释】

①长兵:长柄兵器,戈、矛、戟之类。

②短兵:短兵器,刀、剑之类。

③解:同"懈",松弛,懈怠。

【译文】

武王向太公问道:"我军用步兵与敌军的战车和骑兵对抗,该怎么办?"

太公答道:"用步兵与敌军的战车和骑兵对抗,必须依托丘陵等险阻的地形列阵,把长兵器和强弩配置在阵前,把短兵器和弱弩配置在阵后,轮流战斗,轮流休整。敌人战车和骑兵汹涌而来,我军即坚守阵地,顽强战斗,并派精锐战士手持强弩戒备后方。"

卷六 犬韬

武王问:"我军既无丘陵又没有其他险阻地形可以依托,敌军兵力既众多又强大,战车和骑兵夹击我军两翼,突击我军前后,致使我全军恐惧,溃败逃跑,应该怎么办?"

　　太公答道:"命令我军士兵准备行马和木蒺藜等阻挡敌军兵马的器材,把牛马集中编在一起,把步兵布列成武冲大扶胥战车捍卫四侧的战斗队形。看见敌军的战车和骑兵前来进攻我军,就在附近布设蒺藜,并挖掘环形壕沟,宽深各五尺,这样的阵地可称之为命笼。步兵们推着行马进退,同时将战车连接成营垒,推着它前后移动,停止下来时即成营寨。同时布置精锐的战士手持强弩,注意戒备我军左右两侧,然后号令我全军奋勇杀敌,不得懈怠。"

　　武王说:"您讲得真有道理!"

鬼谷子

捭阖①第一

粤②若稽古,圣人之在天地间也,为众生之先。观阴阳③之开阖以名命物,知存亡之门户;筹策万类之终始,达人心之理;见变化之朕④焉,而守司其门户。故圣人之在天下也,自古至今,其道一也。

【注释】

①捭:开启的意思。如敞开心扉、积极处事、采纳善言、任命贤才都可称为捭。阖:闭合的意思。如关闭心扉、采取守势、拒绝劝谏、排挤人才都可称为阖。

②粤:语助词,用于句首引起下文。

③阴阳:指宇宙万事万物相反相成的两个对立面,如昼夜、明暗、君臣、男女、积极和消极、开放和封闭等。

④朕:指征兆、迹象。

【译文】

追溯上古历史可知,圣人之所以生存在世界上,就是要成为大众的先知。通过观察阴阳二气的开启和闭合对事物进行命名,并进一步了解和掌握事物兴衰存亡的关键;推算和预测事物发展变化的整个过程,掌握人类思维和情感的规律;预测事物发展变化的征兆,从而控制事物发展变化的趋势。自古至今,圣人生存在世间,他们奉守的立身处世之道是始终如一的。

变化无穷,各有所归。或阴或阳,或柔或刚,或开或闭,或弛或张。是故圣人一守司其门户，审察其所先后；度权量能，校①其伎巧短长。夫贤不肖、智愚、勇怯有差，乃可捭，乃可阖；乃可进，乃可退；乃可贱，乃可贵，无为以牧之。审定有无与其实虚，随其嗜欲以见其志意。微排其所言而捭反之，以求其实，贵得其指②，阖而捭之，以求其利。或开而示之，或阖而闭之。开而示之者，同其情也；阖而闭之者，异其诚也。可与不可，审明其计谋，以原其同异。离合有守，先从其志。

【注释】

①校：比较。

②指：通"旨"，要旨，意图。

【译文】

万事万物的发展变化是没有穷尽的，但是都以避亡趋存作为它们的归宿。有的表现为阴，有的表现为阳；有的表现为柔，有的表现为刚；有的表现为开，有的表现为闭；有的表现为弛，有的表现为张。因此，圣人要善于把握事物发展变化的关键，摸清事物发展的顺序；揣量对方的智谋，估计对方的能力，再比较双方技巧方面的长短。人们的贤良与不才，聪慧与愚笨，勇敢与懦弱，以及仁义许多方面，也都是有差别的，所有这些阴阳对立面，可以开启，也可以关闭；可以前进，也可以隐退；可以不重视，也可以尊重，要用无为之道来掌握这些。选拔贤才的方法，首先要考察其才情能力和道德质量是否弄虚作假；接着根据嗜好和欲望来了解对方的意趣和志向。适当地贬低或怀疑对方的言论，以便刺激他畅怀谈论；然后再反驳和诘问，从而探求实情，获得其真正意图。随后，自己沉默不语以挑动对方痛痛快快地说出想说的话，以便了解对方说的话是否对自己有利。全面掌握真实的情况之后，有时要向对方打开心扉，有时要关闭心扉，不吐露自己的真实想法。打开心扉，是因为双方的想法相同；不吐露自己的真实想法，是因为双方的想法不一致。至于对方的计谋可行还是不可行,应该审慎地研究清楚双方的计谋,明白双方计谋的异同优劣。无论双方的意见是相违背,还是相一致,要坚持己见,同时要注意顺应对方的意愿加以考察。

即欲捭之贵周,即欲阖之贵密。周密之贵微,而与道相追①。捭之者,料其情也;阖之者,结其诚也。皆见其权衡轻重,乃为之度数②。圣人因而为之虑,其不中权衡度数,圣人因而自为之虑。故捭者,或捭而出之,或捭而内③之;阖者,或阖而取之,或阖而去之。捭阖者,天地之道。捭阖者,以变动阴阳,四时开闭④,以化⑤万物。纵横反出,反覆反忤,必由此矣。捭阖者,道之大化。说之变也,必豫⑩审其变化,吉凶大命系焉。

【注释】

①追:紧随,贴近,这里指与道一致。

②度数:测算重量和长度的数值,即做出测量和计算。

③内:同"纳",这里指接受别人的建议。

④四时开闭:开,即开始,发端;闭,即结束,完毕。四时开闭即四季更换交替。

⑤化:变化。这里是使动用法,使万物发生变化。

【译文】

如果想采取开启之法,畅所欲言,那么最重要的是周详地考虑;如果想采取闭合之法,不露心迹,那么最重要的是谨慎保密。要做到周详与缜密,关键就在于精微地合乎自然之道。采取开启之法,是为了全面获知真实的情况;采取闭合之法,是为了结交对方的诚意。这样做都是为了权衡得失利害、轻重缓急,从而做出合理的测量,圣人根据这些进行分析,提出合理的行动方略。如果这些权衡失误,谋略失策,那么圣人也只好弃而不用,自己想办法解决。因此,所谓开启,有时是把自己的建议推出而实施,有时是接纳别人的建议;所谓封闭,有时是采用别人的建议并应用在实践中,有时是直接拒绝,弃而不用。开启和封闭是世界上万事万物发展变化的规律。开启和封闭导致阴阳互相转化、春夏秋冬更换交替,从而促使万物发生变化。世间事物错综复杂,反复出入,相互抵触,这些都是由开启和封闭这种基本的运动形式来实现的。开启和封闭这一对矛盾运动,是万事万物运行的规律。游说也存在这样的规律,所以游说者必须事先审慎地考察其间的各种不同变化,吉凶死亡的关键全系于捭阖。

口者,心之门户也;心者,神之主①也。志意、喜欲、思虑、智谋,此皆由门户出入,故关之以捭阖,制之以出入。捭之者,开也,言也,阳也;阖之者,闭也,默也,阴也。阴阳其和,终始其义。故言长生、安乐、富贵、尊荣、显名、爱好、财利、得意、喜欲为阳,曰"始"。故言死亡、忧患、贫贱、苦辱、弃损、亡利、失意、有害、刑戮、诛罚为阴,曰"终"。诸言法②阳之类者,皆曰"始",言善以始其事;诸言法阴之类者,皆曰"终",言恶以终其谋。

【注释】

①主:主宰,主管。

②法:效法,模仿,这里是遵循的意思。

【译文】

口是心的门户,而心则是精神的主宰。一个人的志向与意念、喜好与欲望、思虑、智谋都要通过这个门户出入。因此,要通过开启之法和封闭之法来严守关口,严控出入。所谓"捭之",就是开放、说话、公开;所谓"阖之",就是闭合、沉默、隐秘。阴阳二气协调自如,那么开放和封闭就有一定的规则,能贯彻始终,坚持到底。所以说长生、安乐、富贵、尊荣、显名、爱好、财利、得意、喜欲等积极方面,都属于阳,称为开始;而死亡、忧患、贫贱、羞辱、弃损、亡利、失意、灾害、刑戮、诛罚等消极方面,都属于阴,称为终结。凡是效法阳气之道进行游说的人,其谈论的内容均都有"开始"的特点,也就是通过证明有利可图以使自己的建议被采纳,进而应用到实践中;凡是效法阴气之道进行游说的人,其谈论的内容都有"终结"的特点,也就是通过证明可能的害处使得某种计谋方略的实施得以停止。

　　捭阖之道,以阴阳试之,故与阳言者依崇高,与阴言者依卑小。以下求小,以高求大。由此言之,无所不出,无所不入,无所不可。可以说人,可以说家,可以说国,可以说天下。为小无内,为大无外。益损、去就、倍反①,皆以阴阳御其事。阳动而行,阴止而藏;阳动而出,阴隐而入。阳还终阴,阴极反阳。以阳动者,德相生也;以阴静者,形相成也。以阳求阴,苞以德也;以阴结阳,施以力也。阴阳相求,由捭阖也。此天地阴阳之道,而说人之法也,为万事之先,是谓"圆方②之门户"。

【注释】

①倍反:倍,通"背",违背。反,归附,归顺。

②圆方:古人认为天是圆的、地是方的,因此圆方在此指天地宇宙。

【译文】

　　运用开启之法和封闭之术,需要按照阴阳的规律来运用。因此,同富有阳刚之气、光明磊落的人谈论,得用高尚的话来引导他;与富有阴柔之气、阴险狭隘的人谈论,得用卑微的话来引导他。这样以低下的姿态求合志向渺小的人,以高尚的姿态求合志趣高远的人。按照这种方法,没有不敢说的话,没有套不出的话,没有说服不了的人。可以说服一个人,可以说服一户人家,可以说服一个国家,可以说服整个天下。不记内部有多小,也不记外部有多大,均不能局限于本身,而须辩证地对待。损害和利益、远离和靠近、背叛和归顺，这些情况都需要运用阴阳的规律加以驾驭和控制。阳势出现，就要采取积极的行动前进；阴势出现，就要暂停行动隐藏起来。阳势出现，就要主动发起攻击；阴势出现，就要回避躲藏起来。阳势运动发展到最后是阴势，阴势运动发展到最后则是阳势。乘阳势而行动的人，恩德相伴相生；乘阴势而静止的人，形体相助相成。处于阳势而求助于阴势，需要利用恩德；处于阴势而求助于阳势，则需要借助智力。阴势和阳势互求互助，遵循的正是开启与封闭的规律。这是宇宙中阴阳的道理，同时也是游说他人的基本方法。开启与封闭是各类事物生长变化的基本前提，也就是所谓的天地运行的门户。

反应第二

古之大化者^①,乃与无形^②俱生。反以观往,覆以验来;反以知古,覆以知今;反以知彼,覆以知己。动静虚实之理,不合于今,反古而求之。事有反而得覆者,圣人之意也,不可不察。

【注释】

①大化者:指能以大道感化教育万物的人。化,教化,化育。

②无形:无形指不见形体的自然之道,也就是自然规律。

【译文】

古代能以大道感化教育万物的圣人,是与不见形体的自然之道共生的。回过头观察既往的历史,然后再据以向前去检验未来;回过头了解历史,然后再据以了解现在;回过头认识看清他人,然后再据以认识看清自己。如果动静、虚实这些道理,与今天的现实不一致,就回过头观察以往的历史以寻求答案。事情因为回顾总结历史的经验而得到成功的启示,这是圣人常用的办法,一定要认真地考察。

人言者,动也;己默者,静也。因^①其言,听其辞。言有不合者,反而求之,其应必出。言有象,事有比,其有象比,以观其次。象者象其事,比者比其辞也。以无形求有声。其钓语合事,得人实也。其犹张罝网而取兽也,多张其会而司^②之。道合其事,彼自出之,此钓人之网也。常持其网驱之。其不言无比,乃为之变。以象动之,以报其心,见其情,随而牧之。己反往,彼覆来,言有象比,因而定基。重之袭之,反之覆之,万事不失其辞。圣人所诱愚智,事皆

125

不疑。

【注释】

①因:介词,凭借,根据。

②司:通"伺",等候的意思。

【译文】

别人开口说话,就是动;自己沉默不语,就是静。要通过倾听别人的谈话,来分析出他的辞意。如果有矛盾和破绽之处,可以反复追问他,那么对方必定有对答的言语。语言有其声音形象,事物有其参照比较;既然语言有声音形象,事物有参照比较,就可以从中预见对方下一步要说的话和要进行的举动。"象",就是事物的外在形象;"比",就是比较言辞。要把无形的道理通过有声的语言表达出来。通过诱导套引出别人的言辞,如果与事实符合,也就可以获知对方的真实想法。这就像张开网去引诱捕捉野兽一样,得多用几张网,在一旁等待野兽落网。如果把捕捉野兽的这个办法应用到与人对话上,对方就会落入事先预设的罗网中,这就是钓人的网。在实际生活中,经常张开钓人的网去套人言语,使其为我所用。如果对方言辞失控,不再应答,这时就要考虑改变钓人的方法,要以形象的事物来打动他,这样就可能使对方说出实情,从而根据对方的实际情况引导和控制他。我们反复追问对方,对方就会做出相应的回答,这样就有了据以推理的形象和参照,那么就大事可定。再经过反复详细审察,抛弃不实错误的成分,那么就没有什么事情会因语言失实而导致失败。圣人通过这种方法来诱导智人和愚人,什么事情都一定能成功。

故善反听①者,乃变鬼神②以得其情。其变当也,而牧之审也。牧之不审,得情不明;得情不明,定基不审。变象比,必有反辞③,以还听之。欲闻其声反默,欲张反敛,欲高反下,欲取反与。欲开情者,象而比之,以牧其辞。同声相呼,实理同归。或因此,或因彼,或以事上,或以牧下。此听真伪,知同异,得其情诈也。动作言默,与此出入,喜怒由此以见其式。皆以先定④为之法则。以反求覆,观其所托,故用此者。己欲平静以听其辞,察其事,论万物,别雌雄。虽非其事,见微知类。若探人而居其内,量其能射⑤其意,符应不失,如螣蛇之所指,若羿之引矢。

反应第二

动、运作、言语、沉默、欢喜、愤怒都应该依据这些得到的信息来确定法度。主动地试探对方以求得反应或答复,用这种方法观察对方内心感情的寄托。了解一个人的关键在于了解其内心的情感,因此应采用这种方法。听取他人讲话时,自己要做到心平气和,之后才能分析事情的始末,论定万物的规律,分清动物的雌雄。即使所谈的内容非当前之事,也可通过微小的迹象探知同类的情况。这就像探知他人的情况而走进他的内心一样,通过分析其能力,进而探得其真正意图。通过这种方法获得的情况,就会像符命一样应验,像腾蛇所预示的祸福一样不会有差错,像后羿射箭一样百发百中。

故知之始己,自知而后知人也。其相知也,若比目之鱼;其见形也,若光之与影。其察言也不失,若磁石之取针,如舌之取燔骨①。其与人也微,其见情也疾。如阴与阳,如圆与方。未见形,圆以道之;既见形,方以事之。进退左右,以是司之。己不先定,牧人不正。事用不巧,是谓忘情失道。己审先定以牧人,策而无形容,莫见其门,是谓天神。

【注释】

①燔骨:煮熟的排骨。

【译文】

所以了解别人要从了解自己开始,只有先了解自己,然后才能了解他人。自知与知他人,如同比目鱼一样,是两两并列而行的;对方一现形,就像光一样显露出来,己方就像影子一样,立即捕捉到对方的实情。己方做到了自知,再分析对方的言论,就如同磁石吸取铁针一样,没有差失,如同舌头从炙肉中褪出骨头一样,运用自如。自己暴露给对方的东西很少,而非常迅速洞悉对方的实情,就好比阴与阳、方与圆的变化一样,灵活自如。对方的基本情况还未明朗,就应该采用圆融的道理来引导和控制他;基本情况明朗之后,就应该用方正的道理去引导和控制他。任用人时,不论提拔、罢免、贬左、崇右都应该用圆融与方正的道理进行处理。如果方正、圆融、提拔、罢免这些策略事先没有确定下来,那么统领部下也就很难做到公正有序。如果做事不学会策略技巧,就会丧失真情、失去天道。自己首先制定高明的策略,据此以统领自己的部下,就能在无形之中成功地驱策管理众人,而部下却不知道窍门所在,这是获得对方实情的最高境界。

内揵^①第三

君臣上下之事,有远而亲,近而疏,就之不用,去之反求。日进前而不御,遥闻声而相思。事皆有内揵,素结本始。或结以道德,或结以党友,或结以财货,或结以采色^②。用其意^③,欲入则入,欲出则出;欲亲则亲,欲疏则疏;欲就则就,欲去则去;欲求则求,欲思则思。若蚨母之从子也,出无间,入无朕,独往独来,莫之能止。

【注释】

①内揵:内,就是向君王进献说辞,以取得君王信任。揵,就是向君王进献策谋,以帮助君王,成就大业。

②采色:这里指美女。

③用其意:君王采用其主张,即获得君王的信任。

【译文】

君臣之间的关系,有的看似表面上很疏远而实际上却非常亲密,有的表面上很亲近而实际上却彼此疏远,主动靠近君王的却没有受到任用,想要罢职离开而无所求的反而被君王召请并委以重任。每天在君王身边的得不到君王的赏识,在朝廷之外的人反而能引起君王的思念之情。这些事情,都是性情投合的缘故,源于彼此平时就建立的良好感情基础。有人是以道德来结交君王,有人是以朋友身份来结交君王,有人是以金银珠宝来结交君王,有人则以美色佳人来结交君王。为臣的如果能够获得君王的信任,那么无论是想在朝廷当官,或者是出外镇守外邑,无论是想亲近君王或者是疏远君王,想离开还是投奔,想得到什么和考虑什么,都可以随心所欲。就如同青蚨这种动物的母亲带领其子女出入洞穴,来时不留痕迹独来独往,谁也无法阻止它。

内者,进说辞也;揵者,揵所谋也。欲说者,务隐度;计事者,务循顺。阴虑可否,明言得失,以御其志。方来应时,以合其谋。详思来揵,往应时当也。

夫内有不合者,不可施行也。乃揣切时宜,从便所为,以求其变。以变求内者,若管取揵。言往者,先顺辞也;说来者,以变言也。善变者,审知地势,乃通于天,以化四时;使鬼神,合于阴阳,而牧人民。见其谋事,知其志意。事有不合者,有所未知也。合而不结者,阳亲而阴疏。事有不合者,圣人不为谋也。

故远而亲者,有阴德①也;近而疏者,志不合也。就而不用者,策不得也;去而反求者,事中来也。日进前而不御者,施不合也;遥闻声而相思者,合于谋以待决事也。故曰:不见其类而为之者,见逆;不得其情而说之者,见非。得其情,乃制其术②。此用可出可入,可揵可开。

【注释】

①阴德:指双方的情感意志契合。

②制其术:意思是制定相应的策略。

【译文】

所谓内,就是向君王进献说辞,以取得君王的信任;所谓揵,就是向君王进献策谋,以帮助君王,成就大业。想去游说君主的时候,必须先审时度势,暗中揣测君主的真实想法和意图;要想向君主进献计谋时,必须顺着君主的意愿。己方暗中考虑是否可行之后,再对君主公开说出行事之得失,以此来迎合君主的心志。进献计谋要选准时机,对方一旦有应,即进献以合于国君的谋虑。先须经过详细的周密的计谋,然后去回应君主,那便没有不当的。

如果己方的言辞或计谋与君主不合,就不能施行。于是就揣摩时机是否适宜,从有利于实施的方便出发,来改变策略。以灵活变通的方式来结交君主。做到这样,那么达到目的就像用钥匙开锁一样,变被动为主动。游说时,涉及已发生的事件,要用顺从君主之意的言辞;涉及未发生的事件,要用有变通余地的话。善于应变的须做到知悉各国地理形势、精通天文四时的变化;这样就能做到役使鬼神,与阴阳之理相合,驱使民众。见到君主处理事情的计谋和措施,就能知道他的真实想法和意图。己方所行之事有时不能与君主之意相合,是因为我们对对方之意了解不够多。如果对君主之意了解不多,即使己方主动迎合他,也不能得到君主发自内心的真诚信任,表面上与己方亲近而暗地里却很疏远。不合于君主之意的事,圣人是不会谋划的。

所以,看似与君王关系疏远而实际上关系亲密的人,是因为双方的情感意志契合;与君王表面亲近而实际上十分疏远的人,是因为彼此的意图和兴趣不相符合。主动靠近君王而没有受到君王重用的人,是因为他的策略不妥,不见成效;想要罢职离开而无所求的反而被召请而受到重用的人,是因为他当初提出的策略,后来被证明有可行性。每天在君王身边却不被赏识的人,是因为他提出的计谋不切合实际;距离遥远反而能引起君王思念之情的人,是因为他的一举一动都符合君王的谋划,君王急着要与他共商大事。所以说没看清总体形势而鲁莽行动的人,其结果肯定是适得其反的;不看清君王的心愿而轻率进谏的人,必然遭遇指责和拒绝。只有做到全面掌握情况,才可以制定相应的策略。这样才能到达出入自由,随心所欲的境界。

故圣人立事,以此先知而揵万物。由夫道德、仁义、礼乐、忠信、计谋,先取《诗》《书》,混说损益,议论去就。欲合者用内,欲去者用外,外内者必明道数。揣策①来事,见疑决之,策而无失计,立功建德。治名入产业,曰揵而内合。上暗不治,下乱不寤,揵而反之。内自得而外不留,说而飞之②。若命自来③,己迎而御④之。若欲去之,因危与之。环转因化,莫知所为,退为大仪。

①策:通"测",揣测,揣度。

②而飞之:意思是沉迷于一片颂扬功德的欢乐声中。

③若命自来:意思是如果朝廷发来起用的诏书。

④御:指发挥自己的能力。

【译文】

因此,圣人立身处世,都是事先了解全面情况从而控驭各种各样的事物的。而这些都是由于圣人熟知道德、仁义、礼乐、忠信、计谋,首先要研究《诗经》《尚书》这两部书,再从各个方面阐析利弊得失,接着议论去留的问题。如果想获得君王的信任,就要在研究君王心理方面下功夫;如果没有打算取得君王的信任,就不需要对君王的心理进行研究揣摩,自然就会被君王拒绝。善于运用内外之术与君王打交道的人,必须掌握事物发展变化的规律,揣测即将发生的事情,遇到可疑的地方能够明确决断,运用策略的时候不会发生失误,从而成就大业、积累善行。使朝廷君臣循礼有序,人民安心地从事本业,这就称为自己提出的计策符合君王的心意。君王昏庸不理朝政,臣下混乱不明事理,如果君王仍不觉悟,就可能受到臣下的控制。那些自比圣贤、自以为是的君王,不能接受贤明睿智的人的谏言,而沉迷于一片颂扬功德的欢乐声中。这样,如果朝廷发来起用的诏书,就应该欣然受命,以发挥自己的能力;如果有自己的打算,不愿和君王合作,就说自己继续留在君主身边将会危害到他,将职权归还给君王。在决定去留的时候,要反复比较衡量,周密严谨地周旋处理,根据实际做出变化,使人不知道自己的内心想法。这才算是掌握了去留进退的真正秘诀。

抵巇第四

物有自然,事有合离。有近而不可见^①,有远而可知。近而不可见者,不察其辞也;远而可知者,反往以验来^②也。

【注释】

①见:看到,这里引申为察知,了解。

②反往以验来:意思是回顾以往而验证未来。

【译文】

自然界的一切都按一定的规律运动,人世间的万事万物也同样依照离开聚合的法则发展变化。有时彼此近在眼前,却不了解对方;有时彼此相距甚远,却非常熟悉了解对方。距离相近的反而彼此不了解,是因为没有互相分析彼此的言辞;距离甚远的反而能彼此熟悉,是因为考察历史,验证未来。

巇者,罅也。罅者,涧也。涧者,成大隙也。巇始有朕^①,可抵而塞,可抵而却,可抵而息,可抵而匿,可抵而得,此谓抵巇之理也。

【注释】

①朕:征兆。

【译文】

所谓巇,就是罅,罅也就是中间的裂缝,中间的裂缝时间久了就变成了大隙。裂缝刚刚开始时会出现征兆,这时可以通过"抵"使裂缝闭塞,可以通过"抵"使裂缝停止,可以通过"抵"使裂缝变小,可以通过"抵"使

裂缝消失,当裂缝太大无法弥补时,可以通过"抵"取而代之。这便是抵
巇原理。

　　事之危也,圣人知之,独保其身。因化说事,通达计谋,以识细
微。经①起秋毫之末,挥②之于太山③之本。其施外④,兆萌牙蘖之
谋,皆由抵巇。抵巇之隙,为道术用。

【注释】

①经:即开头。

②挥:这里指动摇。

③太山:即高大的山。

④施外:意思是圣人自内向外推行教化。施,施行,实施。

【译文】

　　当事物刚刚出现危机的时候,只有圣人才能知道,从而发挥自己的
才能起到独特的作用。圣人依据事情的变化分析事理,进而进行谋划,
以便观察对方的细微举动。万事万物刚开始的时候,都如鸟兽新生的细
毛一样微小,但是一朝发展起来,就会动摇大山的基础。当圣人自内向
外推行教化之时,创制防患于未然的计谋,都是运用抵巇的道理。由此
可见,堵塞裂痕、漏洞也是治理国家的道理。

　　天下纷错,士无明主,公侯无道德,则小人谗贼,贤人不用,圣
人窜匿,贪利诈伪者作。君臣相惑,土崩瓦解而相伐射①。父子离
散,乖②乱反目,是谓萌芽巇罅。圣人见萌芽巇罅,则抵之以法。世
可以治则抵而塞之,不可治则抵而得之。或抵如此,或抵如彼。或
抵反之,或抵覆之。五帝之政,抵而塞之。三王之事,抵而得之。
诸侯相抵,不可胜数。当此之时,能抵为右。

①射:射箭,此处引申为残杀。

②乖:分裂,背离。

【译文】

天下动乱不安,上面没有贤明的君王,公侯将相缺乏德行,于是小人为非作歹进献谗言,贤良的人才不被重用。圣人隐居不仕,贪图利禄、虚伪奸诈之人乘机作乱。君臣之间相互猜疑,国家四分五裂,彼此杀伐。父子骨肉离散,反目成仇,这就是国家裂痕萌发的表现。圣人看到了这些裂痕,就要采取抵巇的方法补救弥合。如果世道可以挽救,就用抵巇的方法加以弥合救治;一旦世道无药可救,就采取抵巇的方法取而代之。或采取这样的抵巇之法,或采取那样的抵巇之法,或采取抵巇之法是为了推翻它,或采取抵巇之法是为了恢复它。五帝的时代,世道尚可挽救,所以就采取抵巇之法堵塞弥补。夏禹王、商汤王、周文王三位帝王所处的时代,世道已坏到不可治理,于是就采取抵巇之法推翻。春秋时代,各大诸侯征伐残杀没有休止,这个时候,善于采取抵巇之法斗争的就是强者。

自天地之合离、终始,必有巇隙,不可不察也。察之以捭阖,能用此道,圣人也。圣人者,天地之使也。世无可抵,则深隐而待时;时有可抵,则为之谋。此道可以上合①,可以检下②。能因能循,为天地守神。

【注释】

①上合:意思是辅助君王恢复治国之道。

②检下:此处谓利用堵塞的方法取而代之。

【译文】

天地自形成以来就伴随有离合、始终的运动变化,万事万物也就必然存在裂痕漏洞，对此，不可不认真考察。善于运用开闭之术加以考察研究的人，就是圣人。圣人是天地间的使者。如果世道安宁和平，国家没有出现裂痕不需要堵塞的时候，就隐居起来随时待命；如果世道坏到不可治理，国家出现裂痕需要加以堵塞时，就要挺身而出，谋划弥合补救的策略。这种策略可以辅助君王恢复治国之道，也可以通过堵塞取而代之。能够继承和遵循抵巇之法，就可以成为天地的守护神。

飞箝^①第五

凡度权量能,所以征远来近。立势而制事,必先察同异,别是非之语,见内外之辞,知有无之数,决安危之计,定亲疏之事。然后乃权量之,其有隐括^②,乃可征,乃可求,乃可用。引^③钩箝之辞^④,飞而箝之。

【注释】

①飞箝:意思是运用诱导言辞使对方说话,获知对方内心的真实想法,再用赞美、褒扬的方法达到钳制对方、控制对方的目的。

②隐括:用以矫正邪曲的器具,这里做动词用,把物的屈曲注入模型中加以矫正。

③引:使用的意思。

④钩箝之辞:指诱导对方说话的辞令,目的是获知对方内心的真实想法。

【译文】

凡考虑问题衡量情势,必须广泛地从或近或远的各方面来吸取信息。制定相关的措施,以便考察和判定人才的优劣,必须首先考察同类与异类,辨别言论上谁是谁非,考察对方内外所说是否一致,了解对方有无真才实学,让他们决定关系国家安危的基本大计,制定用人的制度。然后权衡彼此的轻重,评量彼此的长短。一旦需要他们矫正时弊时,就可以聘用他们、依靠他们、重用他们。要运用诱导的言辞使他们吐露真情,获知他们内心的真实想法,再用赞美、褒扬的方法控制对方。

钩箝之语,其说辞也,乍同乍异。其不可善者,或先征之而后重累①,或先重以累而后毁之。或以重累为毁,或以毁为重累。其用或称财货、琦玮②、珠玉、璧帛、采色③以事之,或量能立势以钩④之,或伺候见涧而箝之。其事用抵巇。

将欲用之于天下,必度权量能,见天时之盛衰,制地形之广狭,岨崄之难易,人民货财之多少,诸侯之交孰亲孰疏、孰爱孰憎,心意之虑怀。审其意,知其所好恶,乃就说其所重,以飞箝之辞,钩其所好,以箝求之。用之于人,则量智能、权材①力、料气势,为之枢机②。以迎之随之,以箝和之,以意宜之,此飞箝之缀也。用之于人,则空往而实来,缀而不失,以究其辞。可箝而从③,可箝而横;可引而东,可引而西;可引而南,可引而北;可引而反,可引而覆。虽覆能复,不失其度。

【注释】

①材:通"才",能力,才干。

②枢机:事物的关键之处。

③从:通"纵",合纵的意思。

【译文】

若打算采用飞箝之术帮助帝王进行治理天下,就必须揣度对方的权谋和才能,考察天时的盛衰如何,了解地形的广狭如何,地势险阻的难易如何,人民财产的多少如何,以及各大诸侯的亲疏爱憎等关系,还要审察其人的心意、想法、志向,知道他喜欢和厌恶的是什么,然后根据他所重视和喜欢的,用能够诱惑人的说辞,博得对方信任,进一步达到控制对方的目的。若要把飞箝之术运用到诸侯上,就要衡量对方的智能,权衡对方的权力,估计对方的气势,这好比控制机关和枢纽,以此迎合和追随对方,以此亲近对方,达到促成合作的目的。以上所说的就是运用飞箝之术以联络诸侯的手段。若把飞箝之术运用到他人上,就要讲华而不实的话来襃扬对方,使对方将心扉打开,说出实情,以此来联络他而不失欢,以探清他所说是否真实。如此做的话,就能合纵,也能连横;能引而向东,也能引而向西;能引而向南,也能引而向北;能引而返还,也能引而复去。运用飞箝之术进行治理,可能会失败,但势必能转败为胜,关键在于不可丧失其节度。

忤合^①第六

凡趋合倍反,计有适合。化转环属,各有形势。反覆相求,因事为制。是以圣人居天地之间,立身、御世、施教、扬声、明名也,必因事物之会^②,观天时之宜,因知所多所少,以此先知之,与之转化。

【注释】

①忤合:忤,忤逆,乖逆。合,趋合,顺应。

②会:际会,机缘。

【译文】

大凡有关趋同顺应和悖逆反抗的行动,都会用相应的计策。分离和集合的变化就如同连接起来的环一样,各有各的具体情形。彼此之间环转往复,互相依靠,需要根据实际情况的变化制定相应的策略。所以,圣人在天地之间立身处世,说教众生,扩大影响,宣扬名声,都必须根据事物之间的联系来观察天时,从而了解行政教化多余和不足的地方。因为提前获知这些情况,所以才能根据情况发展变化在策略上做出相应的调整和增减。

世无常^①贵,事无常师。圣人无常与,无不与;无所听,无不听。成于事而合于计谋,与之为主。合于彼而离于此,计谋不两忠^②,必有反忤。反于此,忤于彼;忤于此,反于彼。其术也。

【注释】

①常:永恒的,稳定的。

②计谋不两忠:意思是任何计谋都不能做到尽忠于双方。

【译文】

世界上没有永远不变的尊贵,做事也没有永远固定的模式。圣人做事,没有恒久不变的赞同或不赞同,也没有恒久不变的听从或不听从。如果谋划事情能够成功,计谋符合实际情况,正确可行,那么众人一起选择他作为君主。计谋对一方有利,必然对另一方不利,任何计谋都不能做到尽忠于双方,其中一定有趋同顺应和悖逆反抗的情况。要趋同顺应此方,就要悖逆反抗彼方;要悖逆反抗此方,就要趋同顺应彼方。因而要根据实际情况灵活运用"忤合"之术。

用之于天下,必量天下而与①之;用之于国,必量国而与之;用之于家,必量家而与之;用之于身,必量身材能气势而与之。大小进退,其用一也。必先谋虑计定,而后行之以飞箝之术。

【注释】

①与:这里是实施、践行的意思。

【译文】

如果运用忤合之术来经营天下,就必须结合天下的实际情况,决定趋同顺应或悖逆反抗;如果运用忤合之术来经营封国,就必须结合封国的实际情况,以决定趋同顺应和悖逆反抗;如果运用忤合之术来治理家族事业,就必须结合家族事业的实际情况,以决定趋同顺应和悖逆反抗;如果运用忤合之术来管理个人的事业,就必须结合个人的才能气势,以决定趋同顺应和悖逆反抗。无论事情是大是小,是进是退,运用忤合之术所涉及的顺应反逆的道理是一样的。一定要进行谋划、分析,计算准确之后再采用飞箝之术作为辅助手段。

古之善背向者①,乃协四海,包诸侯,忤合之地而化转之,然后求合。故伊尹五就②汤,五就桀,而不能有所明,然后合于汤。吕尚

六韬　鬼谷子

三就文王，三入③殷，而不能有所明，然后合于文王。此知天命之
箝，故归之不疑也。

【注释】

①善背向者：指深知人心向背之理的人。

②就：靠近，这里是膺服的意思。

③入：进入，这里是入朝做官的意思。

【译文】

古代深知人心向背之理的人，能够协同天下四方、联合各国诸侯，驱
使诸侯到忤合之地，然后再想办法感化人心，使形势发生变化，使天下诚
心归附之后，推举明君，开创新朝。所以，伊尹五次做商汤的臣子，五次
做夏桀的臣子，但心里还是不明白到底追随谁，最后归顺于商汤。吕尚
三次做周文王的臣子，三次在殷纣王的朝廷做官，但心里还是不明白到
底追随谁，最后终于归顺了周文王。他们二人都知晓天命不可违，所以
最终毫不犹豫地归顺了明主。

非至圣达奥①，不能御世；非劳心苦思，不能原事；不悉心见情，
不能成名；材质②不惠，不能用兵；忠实无真③，不能知人。故忤合
之道，己必自度材能知睿，量长短远近，孰不如。乃可以进，乃可以
退，乃可以纵，乃可以横。

【注释】

①达奥：指达到洞悉深奥道理的境界。

②材质：才能和资质。材，通"才"，才能。

③忠实无真：意思是忠厚老实而无真知灼见。

【译文】

假如不是道德智能最高的圣人，达到了洞悉深奥道理的境界，就不

能驾驭天下；如果不用心苦苦思考，就不能看清事物的本来面目；如果不用尽心思洞见世事人情，就不可能功成名就；如果没有才能和资质，就不能统兵作战；如果只是忠厚老实而无真知灼见，就不能识别部属并善于任用。所以忤合之术的法则，一定要衡量自己能力的长短和见识的远近，看看哪一方面不如别人。这样才可以随心所欲，想前进就前进，想后退就后退，想合纵就合纵，想连横就连横，达到运用自如的境界。

揣^①篇第七

古之善用天下者,必量天下之权而揣诸侯之情^②。量权不审,不知强弱轻重之称;揣情不审,不知隐匿变化之动静。何谓量权?曰:度于大小,谋于众寡,称货财有无之数,料人民多少,饶乏有余不足几何;辨地形之险易,孰利孰害;谋虑孰长孰短;揆君臣之亲疏、孰贤孰不肖^③;与宾客之知慧,孰少孰多;观天时之祸福,孰吉孰凶;诸侯之交,孰用孰不用;百姓之心,去就变化,孰安孰危,孰好孰憎。反侧^④孰辨,能知此者,是谓量权。

【注释】

①揣:揣度,揣测。

②情:这里指实际情况。

③不肖:即不贤,不成才,不正派。

④反侧:反叛、叛乱的意思。

【译文】

远古时代,善于统率治理天下的人,一定要权衡天下轻重缓急的形势,揣度诸侯的实际情况。如果权衡天下轻重缓急的形势不够准确,就不知道天下诸侯强弱轻重的虚实;如果揣摩实情而不够详细,就不可能知道天下诸侯隐蔽的事情和变化的情况。何为权衡天下形势?答案是:测度大与小,谋虑多与少;衡量钱财有无与数量的多少;预测百姓富足与缺乏,富余或不足的程度如何;辨别地形险易的情况,以及对谁有利,对谁不利;谋略计策方面,谁的好,谁的差;考察君臣关系的亲疏厚薄如何,以及谁更有贤才,谁更不成才;还有宾客之间的智力水平,哪一方高,哪一方低;观察天时运行,什么时候吉利,什么时候凶险;与诸侯之间的关系亲疏厚薄,哪些诸侯可以为我所用,哪些诸侯不能为我所用;天下百姓聚散离合的民心所向如何,哪些地方太平,哪些地方动乱,拥戴什么人,憎恶什么人,如果百姓反叛,怎么察知。能够知道以上这些情况,就是善于权衡天下的形势。

揣情者,必以其甚喜之时,往而极^①其欲也,其有欲也,不能隐其情;必以其甚惧之时,往而极其恶也,其有恶也,不能隐其情。情欲必出其变。感动^②而不知其变者,乃且错^③其人,勿与语而更问其所亲,知其所安。夫情变于内者,形见^④于外。故常必以其见者而知其隐者,此所以谓测深揣情^⑤。

【注释】

①极:极点,终极,此处是使动用法,使……达到最高限度。

②感动:情感有所触动。

③错:通"措",搁置,安放。

④见:通"现",表现,显现。

⑤测深揣情:意思是揣测别人的深意,揣摩别人的心情。深,这里指内心深处的想法。

【译文】

揣度诸侯的实际情况,一定要趁他们最高兴的时候去刺激他们的欲望,使其达到最高限度,这样他们内心欲望强烈,就无法隐瞒其真实的情感;还要趁他们最恐惧的时候去加重他们恐惧的心理,使其达到最高限度,这样他们既然有害怕的心理,就无法隐瞒其真实的情感。这是因为,人的情欲必定能在其最高兴、最恐惧的时候表露出来。如果遇到其情感有所触动却仍摸不清其内心善恶、好恶变化的人,就暂且避开话题,不与他说话,而应该去了解他身边的人,从而从侧面了解其安然淡定之时的内心真实情感。一般来说,情感在内心发生变化时,在外表就会有所表现。所以人们必须常常察言观色,从而知道他们内心的隐情,这就是揣测人们内心深处真实情感的方法。

故计^{①}国事者,则当审权量;说人主,则当审揣情。谋虑情欲必出于此。乃可贵,乃可贱;乃可重,乃可轻;乃可利,乃可害;乃可成,乃可败。其数一也^②。故虽有先王之道、圣智之谋,非揣情,隐匿无可索之。此谋之大本也,而说之法也。常有事于人,人莫能先,先事而生,此最难为。故曰揣情最难守司^③,言必时其谋虑。故观蜎飞蠕动,无不有利害,可以生事^④。美生事者,几之势也。此揣情饰言成文章,而后论之也。

【注释】

①计:策划,谋划。

②其数一也:意思是采用的策略都是一样的,也就是说以上所言均在揣度之术的运用上。数,道理。

③守司:掌握的意思。守,掌管,管理。司,管理,掌管。

④生事:意思是根据利害顺逆的道理使事业成功。

【译文】

因此,谋划国家事务的人,就应当详尽地权衡天下的形势;游说君王时,就应当仔细地揣度君主的内心情感。要揣测人们内心的谋划思虑和情感欲望,都必须采用这种策略。谋士们精于揣度之术,可能富贵,可能贫贱;可能权倾一时,也可能微不足道;可能获取利益,也可能招致祸害;可能功成名就,也可能功败垂成。这些都在于揣度之术的具体运用上。所以,即使有古圣先王的本领和计谋,如果不通揣测实际情况的权术,也无法探知对方内心的真实情感。这是谋略的根本原则以及进行游说的基本方法。在人们的面前常常有新的事情不断发生,而人们都不能提前预料,因为这是很难做得到的。所以说,揣测实际情况最难把握,向人进言,必须深谋远虑。所以当小飞虫蠕动时,要知道其中莫不有骨节利害关系,以此观之,可以根据利害顺逆的道理使事业成功。事业刚刚起步之时,往往在最初表现出一种微弱的态势。要将这些揣测实际情况的说辞修饰成有条有理的文章,然后才开始论辩。

摩篇第八

摩者,揣之术也。内符①者,揣之主也。用之有道,其道必隐。微摩之,以其所欲,测而探之,内符必应。其所应也,必有为之。故微而去之②,是谓塞窌、匿端、隐貌、逃情,而人不知,故能成其事而无患。摩之在此,符应在彼。从而用之,事无不可。

【注释】

①内符:内心情感与其外在表现。符,应验,符合,这里指内心情感在外在的表现。

②微而去之:意思是稍微揣摩,将其外在表现予以排除。去,这里是去掉的意思。

【译文】

摩,是通过外在表现揣摩内心情感的一种方法。内心情感与其外在表现,是揣摩实情的主体。运用揣摩实情之术有一定的规律,而且这一规律是隐秘不见的。根据人的情感欲望稍微进行揣摩,再进一步探测对方心内的秘密,这样其内心情感与外在表现就会互相呼应。内外既然互相呼应,就会在行动上有所表现。所以稍加揣摩,将其外在表现予以排除,也就是说隐藏起来,消除痕迹,隐藏本相,不露真情,让别人无从知晓。这样,事业办成功了而没有忧虑。在此处运用隐秘的揣情之术,而显著的外在表现却在那里出现,两相呼应,事情没有不成功的。

古之善摩者,如操钩而临深渊,饵而投之,必得鱼焉。故曰:主事日成而人不知,主兵①日胜而人不畏也。圣人谋之于阴,故曰神;

成之于阳②,故曰明。所谓主事日成者,积德也,而民安之,不知其所以利;积善也,而民道之,不知其所以然,而天下比之神明也。主兵①日胜者,常战于不争、不费,而民不知所以服,不知所以畏,而天下比之神明。

【注释】

①主兵:带兵打仗。

②阳:公开地,为人所知。

【译文】

古代擅长运用揣摩的人,就像在深潭边钓鱼的老翁,投下鱼饵,必能钓到大鱼。所以说,事情一天一天地接近成功而别人却不知道;带兵打仗一天一天接近胜利,而没人感到恐惧。圣人不为人知地暗中运筹计谋,所以才被称为神;谋略成功后被人知道,所以才被称为明。所谓谋事日渐成功,首先在于广积德政,而人民安然听之,觉得有利于己但不知其所以然;其次在于多行善事,而人民乐于循道而行,却不知道为什么会这样,天下人都把他们比作神明。所谓带兵打仗一天一天地接近胜利,其原因则在于主持其事的人常常不发生激烈冲突、不耗费精力,于无形之中打了胜仗,而人民却不知道之所以打败敌人的原因,不知道有什么畏惧,天下人都把他们比作神明。

其摩者,有以平,有以正,有以喜,有以怒,有以名,有以行,有以廉,有以信,有以利,有以卑。平者,静也。正者,宜也。喜者,悦也。怒者,动①也。名者,发也。行者,成也。廉者,洁也。信者,期也。利者,求也。卑者,韬也。故圣人所独用者,众人皆有之,然无成功者,其用之非②也。故谋莫难于周密,说莫难于悉听,事莫难于必成,此三者,唯圣人然后能任之。故谋必欲周密,必择其所与通者说也,故曰或结而无隙也。夫事成必合于数,故曰道数与时相偶者也。说者听必合于情,故曰情合者听。

【注释】

①动:鼓动,激励。

②用之非:意思是运用得不当。

【译文】

进行揣摩之时,可采用的方法有平、正、喜、怒、名、行、廉、信、利、卑等多种。平,就是平和交流使对方平静。正,就是直言劝告。喜,就是让对方喜悦。怒,就是用愤怒的方法鼓动对方。名,就是用名誉引诱对方。行,就是使对方付诸行动。廉,就是用廉洁感化。信,就是用信誉说服。利,就是让对方获利。卑,就是韬光养晦以自保。所以,只有圣人才能善于运用这些方法,众人虽然知道这些方法,却不能成功,是因为运用不得当。因此,谋划方略最难的是做到周详缜密,向人游说最难的是让对方全部听从,做人行事最难的是要一定成功。这三个方面,只有圣人才能够做得到。所以说,谋略一定要周详缜密,一定要选择那些可以交流的志同道合者进行合作,所以说与朋友结交要亲密、没有矛盾。事情要取得成功,就一定要遵循自然的规则,所以说规律、方法与时机相配合才可以保证成功。向人游说要想使对方言听计从,说辞就必须符合对方的心意,所以说情投意合才能够被人听从。

故物归类,抱薪趋火,燥者先燃;平地注水,湿者先濡。此物类相应,于势①譬犹是②也。此言内符之应外摩也如是。故曰:摩之以其类,焉有不相应者?乃摩之以其欲,焉有不听者?故曰:独行之道。夫几者不晚,成而不拘,久而化成③。

【注释】

①势:指情势方面。

②譬犹是:意思是跟前面说的一样。譬,比喻,好比。是,一样,如此。

③化成:意思是成功地化育于天下。

【译文】

所以说,世上万事万物以类相聚。抱着柴木走向大火,干燥的部分就会先燃烧起来;往平地上注水,低洼的地方就会先湿润起来。这就是性质相同的事物互相呼应的道理。情势方面,也是这个道理。也就是说,内心情感表现于外在行色上,与外在的揣摩实情之术相呼应。所以说,把性质相同的事物互相呼应的道理运用到揣摩实情之术上,哪有不相呼应的呢? 依据被游说者的内心欲望揣摩其真实情感,哪有不言听计从的呢? 所以说这是只有圣人才能掌握和运用的方法。通晓细微的征兆并立即行动的人,不会失去良机,取得成功也不将功劳据为己有,这样持之以恒,就能够成功地化育于天下。

权^①篇第九

说者,说之也;说之者,资之也。饰言^②者,假^③之也;假之者,益损也;应对者,利辞也;利辞者,轻论^④也。成义^⑤者,明之也;明之者,符验也。言或反覆,欲相却也。难言^⑥者,却论^⑦也;却论者,钓几^⑧也。佞言者谄而干^⑨忠,谀言者博而干智,平言者决而干勇,戚言者权而干信,静言者反而干胜。先意承欲者,谄也。繁称文辞者,博也。纵舍不疑者,决也。策选进谋者,权也。先分不足以窒非者,反也。

【注释】

①权:权衡。

②饰言:粉饰言辞。

③假:借助,这里指借助美丽的言辞打动对方。

④轻论:指容易流于轻浮的言论。

⑤成义:指符合义理的言论。

⑥难言:指向别人追问发难的言辞。

⑦却论:意思是诘难、驳斥。

⑧钓几:套引或探求出事物的精妙之处。钓,诱导,诱取。几,隐微,精微。

⑨干:求,博取。

【译文】

游说,就是试图说服别人;而说服别人,就必须对别人有所帮助。粉饰言辞,目的是借助美丽的言辞打动对方;借助美丽的言辞,要会随机应变,有所斟酌。回答他人的问话,要学会用伶俐巧辩的辞令;巧辩辞令,是一种容易流于轻浮的言辞。符合义理的言论,必须要阐明真伪;而阐明真伪,就是要验证是否正确。言谈时双方可能意见不合,就需要反复辩难,意欲使对方让步。追问发难对方的言辞,要用诘难、驳斥的论调;用这种论调,意在套引或探求对方内心的机密。花言巧语,是采用谄媚的手段以博得忠诚之名;而谄媚之言,是用广博以求得智慧之名;平实不花哨的言辞,是用果敢决断以博得刚勇之名;忧虑之言,是用权衡利弊以博得信任;平静陈说,是通过反诘别人以取得胜利。曲意奉承以迎合对方的欲望,就是谄。文辞繁杂浮华,就是博。前后进退而不犹疑,就是果决。策划选择,进献谋略,就是权变。自己天分不足却经常指责他人,就是反诘。

故口者,机关也,所以开闭情意①也。耳目者,心之佐助也,所以窥瞷奸邪。故曰:"参调而应,利道而动。"故繁言而不乱,翱翔而不迷,变易而不危者,睹要得理②。故无目者不可示以五色,无耳者不可告以五音。故不可以往者,无所开之也;不可以来者,无所受之也。物有不通者,圣人故不事也。古人有言曰:"口可以食,不可以言。"言者,有讳忌也。"众口铄金",言有曲③故也。

【注释】

①开闭情意:意思是打开和闭合内心的情意。

②得理:意思是掌握规律。理,道理,规律。

③曲:偏颇不正。

【译文】

一般来说,口是人体的一个重要机关,可以用来打开和闭合内心的情意。耳朵和眼睛是用来辅助心灵的,用它来侦察奸诈邪恶。所以说口、耳、目三者相互呼应,从而向着有利的方向发展。因此,语言烦琐而思路清晰不紊乱,四处翱翔而并不迷惑,局势变化而不危险,关键在于掌握了要害。所以没有视力的人,没有必要拿五彩给他看;失去听力的人,没有必要让他听五音。因而不能成功游说君王,是由于他们蒙昧不开窍,没有可以开导的基础;别人不来这里进行游说,是由于这里拒绝接受别人的游说。有些行不通的事,圣人也不要去办。古语说:"嘴巴可以用来吃饭,却不可以随便说话。"说话要有顾忌。"众人的言语可以熔化金属",这是因为言语偏颇不正的缘故。

人之情,出言则欲听,举事①则欲成。是故智者不用其所短,而用愚人之所长;不用其所拙,而用愚人之所工②,故不困③也。言其有利者,从其所长也。言其有害者,避其所短也。故介虫之捍也,必为坚厚。螫虫之动也,必以毒螫。故禽兽知用其长,而谈者亦知其用而用也。

【注释】

①举事:这里指筹办事情。

②工:巧工之处。

③困:意思是陷于窘困之中。

【译文】

自己说出话来就希望有人听,筹办事情就希望获得成功,这些都是人之常情。因此,一个聪慧的人不用自己的短处,而用愚者的长处;不用自己的笨拙一面而用愚人的巧工之处。这样做就不会陷于窘困之中。也就是说,对我有利的一面,就发挥其长处;对我有害的一面,就回避其短处。所以甲虫防卫,必定用自己坚厚的甲壳;螫虫发动攻击,一定用那有毒的螫针。连禽兽都知道用自己的长处,而从事游说的人就更应当会用游说术了。

故曰,辞言有五:曰病,曰恐,曰忧,曰怒,曰喜。病者感衰气而不神也,恐者肠绝而无主也,忧者闭塞而不泄也,怒者妄动而不治也,喜者宣散而无要也。此五者,精则用之,利则行之。故与智者言依于博,与博者言依于辩,与辩者言依于要,与贵者言依于势,与富者言依于高,与贫者言依于利,与贱者言依于谦,与勇者言依于敢,与愚者①言依于锐。此其术也。而人常反之②。是故与智者言,将此以明之。与不智者言,将以此教之,而甚难为也。故言多类③,事多变。故终日言,不失其类,而事不乱。终日不变而不失其主,故智贵不妄。听贵聪,智贵明,辞贵奇。

【注释】

①愚者:愚昧的人。

②反之:这里指反其道而用之。

③言多类:说话的方法很多。类,种类,门类。

【译文】

所以说,游说辞令有五种类型,即病言、恐言、忧言、怒言、喜言。病言,就是说话时气力衰竭,说话没有精神;恐言,就是说话时害怕而没有主见;忧言,就是说话时心情郁结而不能宣泄;怒言,就是说话草率妄动而条理不清;喜言,就是说话时自由散漫而不得要领。以上这五种类型,要在精通后才可使用,要确保有利后才可施行。所以与聪慧之人谈话,要以博大精深为原则;与笨拙之人谈话,要以逻辑思辨为原则;与巧辩之人谈话,要以简明扼要为原则;与尊贵之人谈话,要以宏大气势为原则;与富有之人谈话,要以端庄高雅为原则;与贫穷之人谈话,要以利害为原则;与卑贱之人谈话,要以谦逊和蔼为原则;与勇敢之人谈话,要以果敢为原则;与愚昧之人谈话,要以果敢坚决为原则。这些都是说话的技巧,而人们常常背道而驰。因此,与聪明人谈话,就运用这些方法使他们明白事理;与愚者谈话,就运用这些方法引导他们。然而,事实上很难做到。所以说话的技巧很多,而事物也是经常变化的。因而终日说话并谨守上述原则,做事就不会混乱。终日说话不断变化,也不会失去主旨,所以聪慧之人的可贵之处就是明白事理,不妄为。听人说话重要的是聪敏,拥有智慧重要的是高明,运用言辞重要的是要变幻莫测。

谋篇第十

凡谋有道,必得其所因,以求其情。审得其情,乃立三仪。三仪者,曰上,曰中,曰下①。参以立焉,以生奇。奇不知其所雍,始于古之所从。故郑人之取玉也,载司南之车,为其不惑也。夫度材量能揣情者,亦事之司南也。故同情而俱相亲者,其俱成者也;同欲而相疏者,其偏害者也。同恶而相亲者,其俱害者也;同恶而相疏者,偏害②者也。故相益则亲,相损则疏。其数行也,此所以察异同之分。故墙坏于其隙,木毁于其节,斯盖其分也。故变生事,事生谋,谋生计,计生议,议生说,说生进,进生退,退生制,因以制于事。故百事一道,而百度一数也。

【注释】

①上:即上智。中:即中才。下:即下愚。

②偏害:一方取得成功而另一方受害。

【译文】

凡是为别人策划谋略,都要遵循一定的规律和法则。一定要先了解事情的来龙去脉,然后才能掌握其真实情况。观察并了解了真实情况之后,才可以确立三条标准。这三条标准,就是上智、中才和下愚。三条标准相辅相成,就可以产生奇谋。奇谋运用起来自如通达,没有什么可以阻挡的,这是从古代就实施过的。郑国人到深山中采掘玉石,都要驾着指南车,目的就是不致迷失方向。而忖度才干、衡度能力、揣摩实情,也就犹如谋划事情的指南。情投意合而关系密切的人,谋划事情就没有不成功的;有共同目标而又关系疏远的人,则会有一方获得成功而另一方受害。同时受到憎恨而又关系密切的人，一定都会受到伤害；同时受到憎恨而又关系疏远的人，则必然只有一方受害。所以说，两人相得益彰则彼此亲近，两人相互损害则彼此疏远。这就是规律之所在，所以要用这个来判断同异。墙壁都是由于有裂缝才开始坍塌的，树木都是由于有节疤才开始毁坏的，这是理所当然的事。所以，事物发生变化就会产生事端；有了事端，就会产生计谋；有了计谋，就会产生解决事端的筹划；有了筹划，就会产生议论；有了议论，于是产生解决问题的建议；有了建议，于是产生游说；有了游说，于是发现有不完善的地方就要退回来加以修改完善，从而形成固定正确的准则，以便更好地制约和引导事物的发展。由此可见，万事万物都遵循相同的道理，而各种制度也都遵循一定的规则。

　　夫仁人轻货，不可诱以利，可使出费；勇士轻难，不可惧以患，可使据危^①；智者达于数，明于理，不可欺以不诚，可示以道理，可使立功，是三才也。故愚者易蔽^②也，不肖者易惧也，贪者易诱也，是因事而裁之。故为强者，积于弱也；为直者，积于曲也；有余者，积于不足也。此其道术行也。

【注释】

①据危：据守危险的地方。

②蔽：此处是被动用法，指遭受蒙蔽。

【译文】

仁人志士轻视财货，不能用利益相引诱，而可以让他们捐出财物；侠义勇士不害怕危难，不能用祸患来恐吓，而可以让他们据守危险的地方；有智慧的人通达术略、明晓事理，不能用诡诈的手段相欺骗，而可以跟他们讲道理，同时也可以使他们建功立业。这是三种人才。所以愚笨的人容易被蒙蔽，品行不正派的人容易被恐吓，贪婪的人容易被诱惑，所有这些都要根据不同特点巧妙裁夺。所以强大是由弱小积累形成的,正直是由许多弯曲积累形成的,多余是由不足积累形成的。这些都是道术的体现。

故外亲而内疏者,说内①;内亲而外疏者,说外②。故因其疑以变之,因其见③以然之,因其说以要之,因其势以成之,因其恶以权之,因其患以斥之。摩而恐之,高而动之,微而正之,符而应之,拥而塞之,乱而惑之,是谓计谋。计谋之用,公不如私,私不如结,结④而无隙者也。正不如奇,奇流而不止者也。故说人主者,必与之言奇;说人臣者,必与之言私⑤。

【注释】

①说内:意思是从内心入手进行游说。

②说外:意思是从外部入手进行游说。

③见:通"现",表现,显现。

④结:关系密切,没有隔阂。

⑤言私:意思是要说关乎其切身利益的事情。

【译文】

因此,对于表面看似亲近而内心其实疏远的人,游说者要从内心入手进行游说;对于内心亲近而表面看似疏远的人,游说者要从外部入手游说。所以,对方有所疑惑就要改变游说的言辞;根据对方的表现,肯定迎合他;根据对方的答词,总结游说的要点;根据情势的变化,促成游说成功开展;根据对方的缺点,以权衡得失;根据对方的忧患,为他排忧解难。要运用揣摩的方法恐吓他,抬高对方使其感动,略设根据证实自己的说辞,运用内符之术验证,制造障碍堵塞对方,制造混乱迷惑对方,这些就叫作计谋。计谋的运用,公开的不如隐秘的,而隐秘筹谋不如结为一心,结为一心就关系密切、没有隔阂,则不会泄露。正规的计策不如奇计，奇计的运用如同流水般奔腾而无法阻挡。所以向君主游说，一定要跟他谈论奇策；向大臣游说，一定要说关乎其切身利益的事情。

其身内其言外者疏，其身外其言深者危。无①以人之所不欲而强之于人，无以人之所不知而教之于人。人之有好也，学而顺之；人之有恶也，避而讳之。故阴道②而阳取③之也。故去之者纵之，纵之者乘之。貌者，不美又不恶，故至情托焉。可知者，可用也；不可知者，谋者所不用也。

【注释】

①无：通"毋"，不能，不要。

②阴道：意思是通过隐秘不为人知的方式。

③阳取：意思是公开地取得。

【译文】

与人关系亲密而说话却虚伪见外，就会导致疏远；与人关系疏远而说话却深切内情，毫无顾忌，就会招致危险。不要把别人所不愿接受的事情强加在别人身上，不要拿别人不懂的事去教诲别人。别人有长处，就向他学习并迎合顺从；别人有短处，就要避开他的短处以免引起不快。所以通过隐秘不为人知的方式进行，而公开地获取效果。因此，要想除掉，就先放纵，放纵之后再抓住时机制服。通过考察人的形貌就可以获知真情，如果其人内心中和平淡，外表不露出喜怒哀乐，就可以诉以衷情，托以重任。了解对方的心理，就可以重用他；不了解对方，深谋远虑的人也不会任用他的。

故曰事贵制人，而不贵见制于人。制人者，握权也；见制于人者，制命也。故圣人之道阴，愚人之道阳。智者事易，而不智者事难。以此观之，亡不可以为存，而危不可以为安，然而无为而贵智矣。智用于众人之所不能知,而能用于众人之所不能见。既用,见可,否择事而为之,所以自为也。见不可,择事而为之,所以为人也。故先王之道阴。言有之曰:"天地之化,在高与深,圣人之制道①,在隐与匿。"非独忠信仁义也,中正②而已矣。道理达于此之义,则可与语。由能得此,则可与谷远近之诱。

【注释】

①道:处事原则。

②中正:这里指合于事理、不偏不倚的中正之道。

【译文】

所以说,行事贵在控制别人,而不是被别人所控制。所谓控制别人,就是掌握了管理事情的权力;所谓被人控制,就是命运落在别人手中。所以圣人立身处世之道是隐藏不露,而愚笨之人立身处世的法则是张扬外露。聪慧的人容易成就事业,而愚笨的人成事困难。由此看来,国家灭亡了就很难复兴,国家动乱了就难于安定,然而擅长谋略的智者却能够有所作为。智慧可以运用到普通大众无从知晓的地方,而才能可以运用到普通大众难以发现的地方。智慧和才能运用到实际中后,就要看是否可行。如果具有可行性,就选择事情自己去做;如果没有可行性,则选择事情让别人去做。所以古圣先王立身处世之道在于隐藏不露,古语说:"天地自然的演化,在其高、在其深;圣人立身处世之道,在其隐、在其匿。"不仅仅讲求忠、信、仁、义,而且得努力维护不偏不倚的正道。只有通达了这一境界道理的人,才可以同他谈策略谋划的事。能够体悟中正之道就能感召远近四方,从而建功立业。

决篇第十一

　　凡决物,必托于疑者,善其用福,恶其有患。善至于诱也,终无惑偏。有利焉,去其利则不受也,奇之所托。若有利于善者,隐托于恶,则不受矣,致疏远。故其有使失利^①者,有使离^②害者,此事之失。

【注释】

①失利:失去利益。

②离:遭受,遭遇。

【译文】

　　凡是替人决断事情,一定是因为对事情产生了疑问,有了福祉就高兴,有了祸患就厌恶,这是人之常情。擅长决断事情的人,会诱导对方说出实情,然后加以定夺,困惑自然就会消除并且带来利益。如果这种决断没有利益,对方自然不会接受,这就必须依据谋略。这种决策表面可以给人们带来利益,但这种利益隐藏着祸患,对方自然不肯理解和接受他的言行,如此就会使得双方关系逐渐疏远。因此决断事情,有的会让人失去利益,有的会使人遭遇祸害,这都是做事失误的表现。

　　圣人所以能成其事者有五:有以阳德之者,有以阴贼之者,有以信诚之者,有以蔽匿之者,有以平素之者。阳^①励于一言,阴^②励于二言,平素、机枢以用。四者,微而施之。于是^③度之往事,验之来事,参之平素,可则决之。王公大人之事也,危而美名者,可则决之;不用费力而易成者,可则决之;用力犯勤苦,然而不得已而为之者,可则决之;去患者,可则决之;从福④者,可则决之。故夫决情定疑,万事之基。以正乱治,决成败,难为者。故先王乃用蓍龟者,以自决也。

【注释】

①阳:即为君之道。

②阴:即为臣之道。

③于是:在这时。

④从福:带来幸福。

【译文】

圣人能够成就一番事业,主要采用五种措施:有的以光明正大的德行感化人;有的以阴险毒辣的计谋进行残害;有的以信义道德进行感化;有的以隐蔽的手段掩饰真心;有的以平正朴素进行感化。"阳"即为君之道,用一言激发鼓励,一言就是无为;"阴"即为臣之道,用二言激发鼓励,二言就是有为。一言、二言、平素、枢机四种方法参验使用,综合运用,决断就会符合客观规律。在这个时候,考察历史,预测未来,并以往常的情况做参考,可行则做出决断。高官贵爵的事情,如果事业崇高而可博得美名,可行就做出决断;不费吹灰之力就可以获得成功的事情,可行就做出决断;费力劳神,却又不得不做的事情,可行就做出决断;能够排忧解难的事情,可行就做出决断;能够带来幸福的事情,可行就做出决断。所以说,判断事情、决断疑难是各种事物的关键所在,拨乱反正以决定成败,是很难做到的事情。所以先代君王在重大行动之前要用蓍草、龟甲进行占卜推断吉凶,从而决断大事。

符言第十二

安徐正静,其被节无不肉。善与^①而不静^②,虚心平意以待倾损。右主位。

【注释】

①与:交际,应酬。

②静:死气沉沉。

【译文】

一个人如果能达到安详宁静、从容悠闲、正直坦率、沉着冷静的境界,那么他处理起事情来就可以左右逢源,游刃有余。要善于交际而不死气沉沉、谦虚老实、心平气和,以防备天下倾覆和动乱。上面叙述在位者的修养。

目贵明,耳贵聪,心贵智。以天下之目视者,则无不见;以天下之耳听者,则无不闻;以天下之心思虑者,则无不知。辐凑^①并进,则明不可塞。右主明。

【注释】

①辐凑:意思是像车轮的辐条都聚集到车毂一样。凑,通"辏"。

【译文】

眼睛最重要的是要明亮,耳朵最重要的是要聪敏,心灵最重要的是要智慧。以全天下人的眼睛去观看,就不会有什么看不到的;以全天下人的耳朵去倾听,就不会有什么听不见的;以全天下人的头脑去思考,就不会有什么不知道的。这样，天下就可以像车轮的辐条都聚集到车毂一样归附自己，君王的视听明察一切，就不会轻易被阻塞和蒙蔽。上面叙述在位者明察的道理。

德之术曰：勿坚而拒之。许之则防守，拒之则闭塞。高山仰之可极①，深渊度之可测。神明之位德术正静，其莫之极。右主德。

【注释】

①极：看到其山顶。

【译文】

崇尚德行的方法是：不要拒绝愿意归附我们的任何人。当诚心接纳他人的时候，那么自己的团体就会多一个成员，这样就巩固了自己的防守阵营；如果拒绝接受他人，减弱了自己的实力，同时也阻绝了其他人继续加入我们的路径。山再高，只要我们朝上一步一步地攀登，总是能到达山顶；水再深，只要我们坚持测量，总能够测量出它的深度。德的地位像神明一样神圣，崇德之术也要求心态平正平静，做到了这些，就没有什么能够比得上的。以上是推崇德行的方法。

用赏贵信，用刑贵正。赏赐贵信，必验耳目之所闻见，其所不闻见者，莫不暗化①矣。诚②畅于天下神明，而况奸者干③君？右主赏。

【注释】

①莫不暗化：没有不受到潜移默化的。暗，暗中地，默默地。

②诚：表示假如，如果确实。

③干：触犯，此处引申为谋害。

奖赏时,最重要的是坚守信用;刑罚时,最重要的是公正无私。奖赏和赐予最重要的是坚守信用,这必须以臣民耳闻目见来验证,这样对于那些没有耳闻目见的人也起到潜移默化的作用。如果确实能够做到坚守信用,公正无私,从而畅通于天下,上达于神明,那么奸邪之人冒犯君王的企图,又怎么会得逞呢? 上面叙述的就是君王守信奖赏的道理。

一曰天之,二曰地之,三曰人之。四方上下,左右前后,荧惑①之处安在? 右主问。

【注释】

①荧惑:指象征吉凶祸福的火星。

【译文】

一叫作上知天时,二叫作下知地利,三叫作中知人事。这样,四方上下、左右前后,方方面面都通晓明白,那么象征吉凶祸福的荧惑之星又会在哪里呢? 上面叙述的就是君王要询问的道理。

心为九窍①之治②,君为五官之长。为善者,君与之赏;为非者,君与之罚。君因其所以求,因与之,则不劳③。圣人用之,故能赏之。固之循理,因能久长。右主因。

【注释】

①九窍:指口、两耳、两眼、两鼻孔、尿道、肛门这九个孔道。

②治:主管,统治,这里引申为主宰的意思。

③不劳:不会劳神,不费心力。

【译文】

心是九窍运行的统治者,君王是文武百官的首领。做善事的人,君王给他们赏赐;做恶事的人,君王刑罚他们。君王根据百官管理国家事务的具体情况,斟酌实际情况给予赏赐或处罚,治理国家就不会劳神。圣人这样做了,所以能赏罚各得其所。这样因势利导、遵循客观规律,才能永久统治。上面叙述的就是君王遵循规律,统治臣民的道理。

人主不可不周,人主不周,则群臣生乱。家于其无常也,内外不通,安知所开? 开闭不善,不见原①也。右主周。

【注释】

①原:事物的根源。

【译文】

做君王的要做到缜密周详,如果不能这样,群臣内部就会发生祸乱。国家发生动荡,群臣犯上作乱,朝廷内外之间无法沟通,又怎么能知道事情的开启和闭藏的道理呢? 不善于采用开启和闭藏之术,就不能发现事物的根源。上面叙述的是缜密周详的重要。

一曰长目①,二曰飞耳②,三曰树明③。明知千里之外,隐微之中,是谓洞天下奸,莫不暗变更。右主恭。

【注释】

①长目:意思是君王要用天下人的眼睛去洞悉远方。

②飞耳:意思是君王要用天下人的耳朵去兼听天下。

③树明:意思是君王要用天下人的头脑去明察事物。

【译文】

做君王的首先要有千里眼,即用天下人的眼睛去洞悉远方;其次要有千里耳,即用天下人的耳朵去兼听天下;再次要有灵通的头脑,即用天下人的头脑去明察事物。千里之外的地方,隐藏细微的东西都看得清清楚楚,就叫作能够洞察天下。天下作奸犯科的人,没有不暗中弃恶从善、痛改前非的。上面叙述的就是君王应耳聪、目明、脑灵的道理。

　　循名而为,实安而完。名实相生,反相为情。故曰:名当则生于实,实生于理,理生于名实之德,德生于和①,和生于当。右主名。

【注释】
　　①和:协和,协调。

【译文】
　　君王按照名分去做该做的事情,事情就会完美妥当。名分与实际相辅相成而生存,反过来又符合情理。所以说恰当的名分是从客观事物中产生,而客观事物从事理中产生,事理从名分和实际相符的道德之中产生,道德来自协和,协和来自适当。上面叙述的就是君王应循名责实的道理。

169

本经阴符七术

盛神①法五龙②。盛神中有五气③,神为之长,心为之舍,德为之大,养神之所归诸道。道者,天地之始,一其纪④也,物之所造,天之所生,包宏无形化气,先天地而成,莫见其形,莫知其名,谓之神灵。故道者,神明之源,一其化端。是以德养五气,心能得一,乃有其术。术者,心气之道所由舍者,神乃为之使。九窍十二舍⑤者,气之门户,心之总摄也。生⑥受于天,谓之真人。真人者与天为一。内⑦修练而知之,谓之圣人,圣人者,以类知之。故人与一生,出于物化。知类在窍,有所疑惑,通于心术,心无其术,必有不通。其通也,五气得养,务在舍神,此谓之化。化有五气者,志也、思也、神也、德也,神其一长也。静和者养气,气得其和,四者不衰,四边威势,无不为存而舍之,是谓神化。归于身,谓之真人。真人者,同天而合道,执一而养产万类,怀天心,施德养,无为以包志虑思意,而行威势者也。士者通达之,神盛乃能养志。

【注释】

①盛神:蓄养精神,使精神旺盛。

②五龙:五行之龙。我国古代流行五行之说,认为万事万物由金、木、水、火、土五种元素构成。道教认为五行由五个人面龙身的仙人控制。

③五气:身体中有五种气体,即神气、魂气、魄气、精气、志气。一说指心、肝、脾、肺、肾五种脏气。

④纪:丝的头绪,引申为开始,开端。

⑤十二舍：指人的目、耳、鼻、舌、身、意及其对应的感觉对象(色、声、香、味、触、事)。

⑥生：通"性"，天性，本性。

⑦内：自身，自己。

【译文】

想要蓄养精神，使精神旺盛，就得效法五行之龙。旺盛的精神之中包含着五气，即神气、魂气、魄气、精气、志气。其中，神气是主宰，心是五气活动的场所，而德是使神壮大。保养人的神气的方法，在于遵循道。所谓道，就是天地万物的开始，一又是道的开端。万事万物的形成，天地造化的产生，都是从道中衍生出来的，其中包容着宏阔无形的化育万物之气。这种气体在天地生成之前就已经存在，没人看见其形状，没人知道其名称，这就叫作神灵。由此可见，道是神明的根源，一是变化的开端。因此，德能够滋养五气，人心能达到纯一，那么培养神明的道术就会自然产生。所谓术，是心气出入通道和所居住的地方，而神气则由心支配。人体中的九窍和十二舍是五气出入的门户，心集中控制它们。人的本性由上天传授，能够保持自然本性的人就叫作真人。所谓真人，是与天地自然合而为一的。而那些得道之人，是通过自身修炼而体悟道术的，这就被称为圣人。所谓圣人，是通过类推、举一反三，触类旁通，悟得道术的。所以人出生的时候，天性都是一样的，只是诞生之后随万物的化育而变化成形。人辨别外界事物首先是利用九窍，解决疑惑，就需要心术来分析。如果运用心术不当，必然会有无法分析的情况。九窍一旦与心术沟通，五气得以蓄养，并努力使神气停留在身体之内，这就叫作化育。化育五气，要从志、思、神、德四方面入手，而神气则是五气的主宰。淡泊宁静就可养气，养气才能使身心达到和谐。志、思、神、德四种气不衰竭，那么周围都形成了威势，就没有什么不能做的，保有并把五气存留身体之内，这就称为自身内部保持自然本性，也就是真人。所谓真人，即与天一体，与道合一，掌握纯一的道术以养育万物，怀有天道自然之心，善施恩德以滋养五气，顺应自然无为的法则，包容志、虑、思、意，从而威

171

势远扬。士人如果通晓这个道理,保持精神旺盛,就能够培养心志。

养志法灵龟。养志者,心气之思不达也。有所欲,志存而思之。志者,欲之使也。欲多则心散,心散则志衰,志衰则思不达。故心气一,则欲不徨①;欲不徨,则志意不衰;志意不衰,则思理达矣。理达则和通,和通则乱气不烦于胸中。故内以养志,外以知人。养志则心通矣,知人则职分明矣。将欲用之于人,必先知其养气志,知人气盛衰,而养其志气,察其所安,以知其所能。志不养,则心气不固;心气不固,则思虑不达;思虑不达,则志意不实;志意不实,则应对不猛;应对不猛,则志失而心气虚;志失而心气虚,则丧其神矣。神丧则仿佛②,仿佛则参会不一。养志之始,务在安己。己安则志意实坚,志意实坚则威势不分,神明常固守,乃能分之③。

【注释】

①徨:繁多。

②仿佛:心神不宁,意志恍惚。

③分之:意思是分散和动摇对手的威势。

【译文】

培养心志要效法灵龟。人之所以要培养意志,是由于心气不通达。人心中有了欲望,就会满怀斗志并不时去思想。意志会受欲望驱使。欲望一多,心神就散乱;心神散乱,意志就会衰弱;意志衰弱,思绪就不畅达。所以心气专一,心调气顺,欲望就不多;欲望不多,意志就不会衰弱;意志不衰弱,思绪就会畅达。思绪畅达,就会心气和顺;心气和顺,杂乱之气就不会在胸中造成烦扰。因此,在内应培养意志,在外则应该了解他人。培养意志则心神通畅,了解他人则能合理地选拔任用,使得职责分明。如果要把培养意志之术运用到识人用人方面,就必须首先了解他是否培养意志以及他人气的盛衰,然后培养其人气和意志,考察他心气

六韬 鬼谷子

是否安稳，从而了解他的才能高低。意志没有培养，心气就不能巩固；心气不巩固，思虑就不能和谐通畅；思虑不和谐通畅，意志就不坚定；意志不坚定，处理事情就不果敢利落；处理事情不果敢利落，就会丧失意志而使心气空虚；丧失意志而又心气空虚，那么神气也就随之丧失。神气丧失，就会心神不宁、意志恍惚；心神不宁、意志恍惚，意志、心气、神气三者交会就不协调。培养意志的第一步，在于安定自己。自己安定了，就会意志坚定。意志坚定了，自身威势就不会分散。固守精神，才能分解和动摇对手的威势。

实意①法螣蛇。实意者，气之虑也。心欲安静，虑欲深远。心安静则神策生，虑深远则计谋成。神策生则志不可乱，计谋成则功不可间。意虑定则心遂②安，心遂安则其所行不错，神自得矣，得则凝。识气寄，奸邪而倚之，诈谋而惑之，言无由心矣。故信心术③，守真一而不化，待人意虑之交会，听之候之也。计谋者，存亡之枢机。虑不会，则听不审矣，候之不得。计谋失矣，则意无所信，虚而无实。故计谋之虑，务在实意，实意必从心术始。无为而求安静五脏，和通六腑，精神魂魄固守不动，乃能内视、反听、定志。虑之太虚④，待神往来。以观天地开辟，知万物所造化，见阴阳之终始，原人事之政理⑤，不出户而知天下，不窥牖而见天道，不见而命，不行而至。是谓道知，以通神明，应于无方，而神宿⑥矣。

【注释】

①实意：充实思虑。

②遂：平顺。

③信心术：使心术真诚。

④思之太虚：意思是思绪进入太虚宇宙。

⑤政理：指治理国家的道理。

⑥神宿:使心神之气停留在心中。

【译文】

　　想要充实思虑,就要效法螣蛇。所谓充实思虑,就是要使心气平和,思虑详明。心气要宁静安定,思虑要深沉致远。心气宁静安定,精神才充满生机;思虑深沉致远,计谋才能成功。精神旺盛,心志才不会杂乱;计谋成功,功绩才难以抹杀。意志思虑安定,心绪就会安定;心绪安定,做事就不会出差错,精神得意舒适,事业才会随之成功。心气有寄托的地方而不集中时,奸邪就会乘虚侵入,诡诈计谋也就会迷惑人心,人们就会心口不一。所以要固守本性、纯真专一而没有变化,与人交往诚心诚意,上下交流,倾听建言,获知详情,筹划计谋。计谋的好坏,是存亡的关键。彼此的想法不进行交流,所听到的情况就不详明,即便暗地观察也得不到机会。计谋一旦失误,说明所设想的情况不可靠,计谋就成为虚而不实的东西。所以思虑筹划计谋,务必充实,思虑充实又必须从心术纯真专一开始。抱着自然无为的态度,使五脏安静,使六腑和通,精神魂魄固守不动,才能反省自身、回过头来听取别人的建言,让心志安定下来。思绪进入太虚宇宙之中,等待神明的到来。达到这种境界,就可以此观察天地创始时的神奇,了解万事万物变化发展的规律,发现阴阳交替转变的规则,推究人世间治理国家的道理,足不出户就能知道天下大事,不往窗外望就能了解自然变化的规律,不用亲眼看见就可以为事物命名,足虽不行却可以达到目的,这就叫作"道"。通晓"道",就能通于神明,应对各种情况,使心神之气停留在心中。

　　分威①法伏熊②。分威者,神之覆也。故静意固志,神归其舍,则威覆盛矣。威覆盛,则内实坚;内实坚,则莫当;莫当,则能以分人之威,而动其势,如其天。以实取虚,以有取无,若以镒③称铢。故动者必随,唱④者必和;挠其一指,观其余次⑤;动变见形,无能间者。审于唱和,以间见间,动变明而威可分。将欲动变,必先养志伏意⑥以视间。知其固实者,自养也;让己者⑦,养人⑧也。故神存兵亡,乃为之形势。

①分威:分配自身威势,以攻击对方。

②伏熊:熊在突然搏击之前潜伏不动,故名。

③镒:古代重量单位,二十四两为一镒,二十四铢为一两。

④唱:通"倡",倡导,提倡。

⑤余次:剩下的,其余的。

⑥伏意:隐藏真实意图。

⑦让己者:虚心谦让的人。让,谦让,退让。

⑧养人:这里指为他人养气。

【译文】

分配自身威势,以攻击对方要效法伏熊。所谓分配威势,就是要使神气覆盖,也即蓄养精神。所以使自己意志安静而坚定,让精神凝聚在心,那么其威势就更为强大有力。威势强大有力,那么内在意志就更坚实;内在意志坚实,就无可阻挡,无往而不胜;无可阻挡,就能使威势分配,而发动其威势,就会如天之遮盖四野。用己方之实来攻取对方之虚,以己方之优势去攻对方之劣势,就好比用镒来称量铢一样轻而易举。所以威势所到的地方,只要有行动,就必然有人跟随;只要有人倡导,登高一呼,就必然有人响应。别人弯曲一根手指,稍有动作,就能了解他接下来的动作,对对方的一举一动全部知道,对方就没法进行离间了。审慎地分析彼此前呼后应的情况,采用离间的方法发现其可乘之机,这样运动变化就能明确,威势就可分配。若要有所行动和变化,必须首先培养心志、隐藏真实意图,伺机观察对方的漏洞,寻找行动的时机。懂得巩固充实意志的人,就能够自我养气蓄势。虚心谦让的人,就为他人养气。所以精神存养到可以对抗武力的程度,才是形成了自己的威势。

散势①法鸷鸟。散势者,神之使也。用之,必循间而动。威肃

本经阴符七术

内盛,推间②而行之,则势散。夫散势者,心虚志溢。意衰威失,精神不专,其言外而多变。故观其志意为度数③,乃以揣说图事,尽圆方,齐短长。无间则不散势,散势者,待间而动,动而势分矣。故善思间者,必内精五气,外视虚实,动而不失分散之实。动则随其志意,知其计谋。势者,利害之决,权变之势;势败者,不以神肃察也。

【注释】

①散势:散发自己的威势。

②推间:寻找有利的时机。

③度数:揣度的标准。

【译文】

散发自己的威势,要学习凶猛的鸟。向外散发威势,是由精神力量驱使的。运用散发威势的方法,必须伺机行动。威势整肃,内气旺盛,寻找有利的间隙或时机而采取行动,那么威势就可以向外分散发挥。向外散发威势的人,内心谦虚,意志充盈。意志衰微、精力不专,其言辞就容易流露于外而且多变化。所以观察对方的意志作为揣度的标准,就可以据此揣摩和游说,进而谋划事情,穷究圆方自然之理,使长短各自发挥作用。如果没有可利用的间隙或时机,就不可散发威势。向外散发威势,一定要伺机而动,这样的行动就能使威势得到更好的发挥。所以善于思考研究间隙或时机的人,一定要在内精炼五气,对外探察虚实,采取行动而不失去散发威势的实际功效。采取行动就要顺应对方的志意所向,了解他的计谋。威势是利害关系的决定因素,也是权变的威慑力量。威势衰败,是由于不以神明和严肃的态度去审察。

转圆①法猛兽。转圆者,无穷之计。无穷者,必有圣人之心,以原不测之智而通心术。而神道②混沌为一,以变论万类,说义无穷。智略计谋,各有形容③:或圆或方,或阴或阳,或吉或凶,事类不同。

故圣人怀此用,转圆而求其合。故与造化者为始,动作无不包大道④,以观神明之域。天地无极,人事无穷,各以成其类,见其计谋,必知其吉凶成败之所终。转圆者,或转而吉,或转而凶,圣人以道先知存亡,乃知转圆而从方。圆者,所以合语;方者,所以错事。转化者,所以观计谋;接物者,所以观进退之意。皆见其会,乃为要结以接其说也。

【注释】

①转圆:意思是运用计谋要如圆一样转动起来无穷无尽。

②神道:神秘的大道。

③形容:形态。

④包大道:意思是合乎宇宙的规律。包,包容,包括。

【译文】

运用计谋要如圆一样转动起来无穷无尽,就要效法猛兽。所谓转圆,就是计谋多得像圆体旋转那样无穷无尽。能够想出无穷计谋的人,一定要有圣人的博大心胸,去探测深不可测的智慧根源,再以不可测度的智慧去沟通心术。神秘的大道浑然一体,不可分割,可以用来论析万事万物变化的规律,阐述各种各样的义理。智慧谋略计策,各有其形态,有的是圆的,有的是方的,有的是阴的,有的是阳的,有的是吉的,有的是凶的,事物差别各不相同。所以圣人知道计谋并加以运用,就像转动圆体那样以求得合乎事理。所以天地形成之初,任何事物都包含着宇宙的规律,仔细观察就能进入神明的境界。天地无边无际,人事无穷无尽,各自归于不同的类别。观察其计谋,就一定能知道结果是吉是凶是成是败。像转圆一样运用计谋,有时会转向吉利,有时会转向凶险。圣人可以通过掌握自然的规律来预先推知存亡之理,所以能够转圆而成方,转凶而成吉。转圆,是为了使言语合乎事理;转方,是为了使事情得到解决。方圆转化,是为了观察计谋的得失;待人接物,是为了观察事物的进

177

本经阴符七术

退是非。以上这些行为，都要做到融会贯通，才可以得其要领，以沟通和接续其学说。

损兑①法灵蓍②。损兑者，机危之决也。事有适然，物有成败。机危之动，不可不察。故圣人以无为待有德，言察辞合于事。兑者知之也，损者行之也。损之说之，物有不可者，圣人不为之辞。故智者不以言失人之言，故辞不烦而心不虚，志不乱而意不邪。当其难易而后为之谋，因自然之道以为实。圆者不行③，方者④不止，是谓大功。益之损之，皆为之辞。用分威散势之权，以见其兑⑤威、其机危，乃为之决。故善损兑者，譬若决水于千仞之堤，转圆石于万仞之谿。而能行此者，形势不得不然也。

【注释】

①损兑：损益、增减、盈亏。

②灵蓍：占卜用的蓍草。

③不行：此处是指不能实行。

④方者：有缺陷的计谋。

⑤见其兑：等待和抓住有利时机。

【译文】

想要提前预见损益得失，就要效法用来占卜的蓍草。损兑，就是损益，是用来判定事物的细微征兆和危险与否的根据。世上的事情都有偶然性，凡是事物都有成败，不可不明察预示事物发展和成败的细微征兆。所以圣人以无为之道来礼遇招待有德的贤人，考察他的言辞是否与事实相符合。兑，就是观察研究事物以便更好地了解事物。损，就是排除其他干扰的观念，以便更好地实行。排除之后再进行说服，如果事物仍然不可实行，就算是圣人也不会再多加辩说。所以有智谋的人从不认为自己能言善道就拒绝他人的言论，因此他说起话来就得当而且不烦琐，内心充实而不空虚,意志坚定而不惑乱,思虑纯洁纯正而不生邪念。等到事物处于难易成败的关键时刻,再来为之计谋,并根据事物发展的自然规律进行谋划。对方采用周密的计谋,能够使其不能实行;对方采取有缺陷的计谋,能够使其不能停止,这才算得上是大功。在计谋中运用损益的方法,都要通过言辞作为媒介来进行。运用分威、散势这些随机应变的方法,以等待和抓住有利时机,在对方发生危机之时发挥威势,从而决定事物的成败。所以在计谋中善于运用损益方法的人,就好比在高高的堤防上掘堤放水,又好像在深深的山谷中推动圆石,应对自如。而之所以能这样做,乃是形势所趋。

持枢①

持枢,谓春生、夏长、秋收、冬藏,天之正②也。不可干而逆之。逆之者,虽成必败。故人君亦有天枢③,生、养、成、藏,亦复不可干而逆之,逆之者,虽盛必衰。此天道,人君之大纲也。

【注释】

①持枢:掌握自然界中万事万物发展变化的关键。

②天之正:四季更替变化的自然法则。

③天枢:指天下治乱兴衰的关键。

【译文】

持枢,也就是掌握自然界万事万物发展变化的关键,比如,春天播种、夏天成长、秋天收割、冬天收藏,这是四季更替变化的自然法则,不可干预和违背它。违背了这种法则,哪怕是成功之人,最终也必然招致失败。所以君王也要掌握天下治乱兴衰的关键,人民的生长与养育,事业的成功与收获,同样也是不可干预和违背的。违背自然的规律,哪怕现在处于盛世,总有一天也会走向衰亡。这是自然规律,也是君王所应该遵守依循的根本纲领。

中经

中经,谓振穷趋急,施之能言厚德之人。救拘执^①,穷者不忘恩也。能言者,俦善博惠。施德者,依道。而救拘执者,养使小人。盖士遭世异时危,或当因免阗坑,或当伐害能言,或当破德为雄,或当抑拘成罪,或当戚戚自善,或当败败自立^②。故道贵制人,不贵制于人也。制人者握权,制于人者失命。是以见形为容、象体为貌,闻声和音,解仇斗郄^③,缀去,却语,摄心,守义。《本经》纪事者,纪道数,其变要在《持枢》《中经》。

【注释】

①拘执:这里指身陷牢房的人。

②败败自立:意思是虽遭失败,却自强自立。

③郄:敌人内部的裂隙和矛盾。

【译文】

所谓中经,就是指拯救陷入窘境或处于危机中的人的方法,而懂得"中经"之道的人必然是那些能言善辩、品德高尚的人。解救身陷牢房的人,那些被救者是不会忘记其恩德的。能言善辩之人,能行善而广施恩惠。有德之士,所作所为必按照一定的道义准则。解救身陷牢房的人,即使他是小人,一旦被救,就会感恩而可供驱使。一些士大夫生不逢时,有的在乱世中侥幸免遭兵乱;有的因为能言善辩而受到谗害;有的抛弃文德,起义成为英雄;有的身陷牢房被诬陷罪名;有的忧郁孤独而恪守善道;有的虽遭失败,却自强自立。所以立身处世之道重要的是控制他人,而不受他人控制。控制他人者掌握主动权,而受他人控制者就难以掌握

181

自己的命运。因此,下面分"见形为容,象体为貌""闻声和音""解仇斗郄""缀去""却语""摄心""守义"七种具体的方法来介绍为人处世的技巧。《本经阴符七术》所记载的理论只是一些道数及原则,而权变的要旨均在《持枢》和《中经》这两篇中。

见形为容、象体为貌者,谓爻为之生①也。可以影响②形容象貌而得之也。有守之人,目不视非,耳不听邪,言必《诗》《书》,行不淫僻,以道为形,以德为容,貌庄色温,不可象貌而得之。如是,隐情塞郄而去之。

【注释】

①爻为之生:观察爻象推断出吉凶祸福。爻,《周易》中组成卦的符号,分为阳爻和阴爻。

②影响:指人的声音和影像。

【译文】

所谓"见形为容,象体为貌",好比人们观察爻象就能推知吉凶祸福一样。可以根据一个人的声音影像、形容外貌、脸形颜色去识别他。那些执持善行、固守志节的人,他们不看非礼的东西,不听奸邪的东西,他们都引用《诗经》《尚书》之类的章句,他们没有邪僻淫乱的行为,他们以道为外貌,以德为容颜,相貌端庄,神色温和,不能只从相貌上识别对方。在这种情况下,就要掩盖真相、堵塞裂缝,并离开他。

闻声和音者,谓声气不同①,恩爱不接②。故商、角不二合,徵、羽不相配,能为四声主者,其唯宫乎。故音不和则悲,是以声散、伤、丑、害者,言必逆于耳也。虽有美行、盛誉,不可比目、合翼相须③也。此乃气不合,音不调者也。

①声气不同:人与人意气不相投。

②恩爱不接:意思是彼此不接受对方的恩爱友善,在感情上无法沟通和接纳。

③相须:彼此不可分离。须,必须,需要。

【译文】

所谓"闻声和音",就是说人与人意气不相投,彼此之间就不能接受对方的恩爱友善,在感情上就无法沟通和接纳。就如同在五音之中,商与角不相合,徵与羽不相配。能够成为商、角、徵、羽这四音之主的,唯有宫声而已。所以五音不和谐,就不会产生悲伤的曲调,声音散漫、沙哑、难听、刺耳的言语也会逆耳而不中听。一个人即使有美好的言行、高尚的声誉,却不能与别人像比目鱼、合翼鸟那样恩爱亲密,互帮互助,这是因为彼此意气不相投、音韵不相协调之故。

解仇斗郄,谓解赢微之仇①;斗郄者,斗强也。强郄既斗,称胜者高其功,盛其势也。弱者哀其负,伤其卑,污其名,耻其宗。故胜者闻其功势,苟进而不知退;弱者闻哀其负,见其伤,则强大力倍,死为是②也。郄无强大,御无强大,则皆可胁而并③。

【注释】

①赢微之仇:小仇隙,小矛盾。赢,衰病,瘦弱,此处引申为微小。

②死为是:意思是一定拼死抵抗。

③胁而并:以武力胁迫对方,进而吞并对方。

【译文】

所谓"解仇斗郄",就是解决双方的仇隙与矛盾。斗郄,就是调解双方的间隙与不和。两个强大的集团相斗之后,取得胜利的一方就会炫耀自己的武功,虚张声势。失败的一方则哀伤自己的失败,痛恨自己的卑

中经

下，因名声受到玷污，祖宗蒙受耻辱而感到痛心。所以胜利者依仗自己功高势盛，就会轻敌而贸然进攻，不知必要的退却；失败者反而听到他人哀叹他的失败，见到自己所受的打击，于是拼死抵抗。再强大的敌人也会有其裂缝之处，再强大的守御力量也有其薄弱之处，那么就可以武力胁迫对方，进而吞并对方。

缀去者，谓缀己之系言，使有余思也。故接贞信者，称其行，厉①其志，言为可复，会之期喜。以他人之庶②引验以结往，明款款而去之。

【注释】

①厉：激发鼓励。

②庶：希冀，期盼。

【译文】

"缀去"的方法就是，一个人即将离开，说出真心挽留的话，让对方留下回忆和怀念。所以遇到忠贞诚信的人，就要赞许他的德行，鼓舞他的志向，言语要让对方觉得可以实行也可以回复，并欣喜地和他约定下次相会的日期。这样以他人的希冀，参照过去的经验，把疑虑解释明白了，疑惑就会自然解除。

却语者，察伺短也。故言多必有数短之外，识其短，验之。动以忌讳，示以时禁。其人恐畏，然后结信①以安其心，收语盖藏而却之②。无见③己之所不能于多方之人。

【注释】

①结信：结之以信，诚信地与对方结交。

②却之：此处指批评和劝告对方。

③见:通"现",出现,显现。

【译文】

"却语"的方法就是,要善于暗中观察他人言语中的短处。所以说人说的话过多,必有一些失误之处,要议论他的这些短处,以反驳对方。这样揭穿他忌讳的短处就能触动他,并证明它是触犯了时政所禁止的,使对方因此害怕,然后诚信地与对方结交,让他安心。收回之前的言语,从此矢口不谈,最后真诚地批评和劝告对方,不要轻易在众人面前暴露自己的短处。

摄心者,谓逢好学伎术者,则为之称远。方验之道,惊以奇怪,人系其心于己。效之于人,验去,乱其前,吾归诚于己。遭①淫②酒色者,为之术;音乐动之,以为必死,生日少之忧。喜以自所不见之事,终可以观漫澜之命,使有后会③。

【注释】

①遭:碰见。

②淫:过分,无节制,泛滥,此处引申为沉溺。

③会:相会。

【译文】

"摄心"的方法就是,遇到勤奋好学、奋发进取而且有一技之长的人,就要经常称誉他,使他的声名远扬;然后验证他的本领高低,再惊叹他的奇才异能,那么对方就会与自己心连心。接着通过时人的评价来进行验证,将他与历史上的圣贤做比较来验证,这样人们就会诚心归附你。碰见沉溺于声色犬马中的人,要用迷惑人心的音乐感动他,再以沉溺酒色,必会自取灭亡,来规劝对方余命不多,继而感化他。让他高兴地看见前所未见的事,最终使他对生命充满希望,使之觉得会与你后会有期。

守义者,谓守以人义①,探其在内以合也。探心,深得其主也,从外制内,事有系曲而随之。故小人比人②,则左道而用之,至能败家夺国。非贤智,不能守家以义,不能守国以道。圣人所贵道微妙者,诚以其可以转危为安,救亡使存也。

【注释】

①人义:即仁义。

②小人比人:谓以小人之心来揣测君子的内心。

【译文】

所谓"守义",就是说坚持仁义之道行事,深入地了解对方的内心世界以迎合对方。了解对方内心的情感,就要深入其内心了解他的本性,从外部控制对方的内心,使其遇到什么事都有所牵系,从而服从于你。所以小人以其心来揣测君子的内心,用的是旁门左道,因此常常会导致家破国亡。如果不是圣贤之辈,是不能用仁义来治家,也不能用道来守国的。圣人特别重视道术的微妙,因为道术可以使得国家转危为安,救亡图存。